はじめての

ナラティブ／社会構成主義
キャリア・カウンセリング

未来志向の新しいカウンセリング論

渡部昌平 著

川島書店

はじめに

　そもそもナラティブ／社会構成主義カウンセリングと従来のカウンセリングとの違いは何でしょう。私はナラティブ／社会構成主義カウンセリングとは「全てクライエントのナラティブを用いること，クライエントのナラティブから『未来の適応』を引き出すこと」だと思っています。従来のカウンセリングでもクライエントのナラティブを用いているではないか。確かにそうです。しかし従来のカウンセリングでは，問題解決のために例えばクライエントの認知や行動を「変えよう」とします。ナラティブ／社会構成主義カウンセリングでは，変えるというよりもクライエントの中にある（未来のための）別のストーリーを「引き出す」ということを重視します。即ち「ナラティブ／社会構成主義カウンセリングとは，カウンセラーとクライエントがナラティブを用いて『クライエントにとって望ましい未来から現在・過去を再構築する』プロセスである」と言うことができるかもしれません。クライエント自身が望ましい未来を構築するプロセスを手助けする，と言い換えると良いでしょうか。ですから「心の問題の専門家であるカウンセラー」対「非専門家であるクライエント」という上下関係ではなく，カウンセラーは「伴走者」的役割を担うとされます。

　またナラティブ／社会構成主義カウンセリングでは，問題が発生した「原因」や「因果律」を重視しません。いみじくもディヤング＆キム・バーグ（2016）が言っていますが，従来のカウンセリングでは「カウンセラーがクライエントの因果律を理解するまで」アセスメントを行い，「理解してから」カウンセリングが進みます。しかしナラティブ／社会構成主義カウンセリングでは過去の原因や現在の悩みをカウンセラーが理解する過程よりもクライエントの「望ましい未来の構築」に焦点を当てるため，終結まで早く効果的に進行するとされています。（ただ，その「因果律を重視しない」スタイルが，難解とか職人技などと誤解される節がない訳ではありません。）

　例えば多くの場合，クライエントの望みはカウンセリング分野では問題（症

状）の消失，キャリア・カウンセリング分野では「将来どうしていいか分からない」「今の仕事でいいかわからない」というような悩みの消失であると思います。従来のカウンセリングでも「望ましい未来」はイメージするでしょうし，クライエントの「強み」「資源」は探していたり育てていたりすると思いますが，クライエントの「今，ここ」の気持ちを重視して傾聴しているかもしれません。ナラティブ／社会構成主義カウンセリングでは，今の気持ちを傾聴するというより構造的な質問等を通じて，クライエントの中から「未来への資源」（＝これからやること）を積極的に掘り起し，勇気づけをして，針の小ささの勇気を棒の大きさの勇気に育てていきます。場合によってはクライエントがネガティブに考えていたもの（例えば「私の育った環境はひどかった」）が，クライエントにとってポジティブな資源（例えば「そんな環境でも頑張って生きてきた」）になることもあります。ナラティブ／社会構成主義カウンセリングの実践家は，立ち止まって「図と地」を反転させるような視点や態度を持ってクライエントのナラティブの中から未来の資源を探し，場合によっては一緒にリフレーミングしていきます。このように，あくまで最初から最後までクライエントのナラティブを用いる（あるいは引き出す）という点に，ナラティブ／社会構成主義カウンセリングの特徴があるように思います。ただそれがロジャースの言っていたパーソン・センタード・アプローチと何が違うかと言えば，クライエントにとって望ましい未来を聞き出すための「構造的な質問」等を用いるほかは，ほとんど違いがないようにも思います（さらに悩ましいことに，近年では私を含め「構造的な質問」さらには「１対１のカウンセリング」にすらこだわらない実践家がいることが，説明をさらに面倒にしているところです）。構造的な質問は，経験や勘に頼らざるを得ずに実践に不安を感じていたカウンセラーにとって，新たな武器となるように感じています。

　ナラティブ／社会構成主義カウンセリングのもう１つの利点は，「コストがかからない」ことです。構造的な質問等を用いることでカウンセリングが早期に終結するというだけでなく，クライエントのナラティブのみを用いるために（有料のテストやアセスメントを用いないために）費用のかかるツールは必ずしも不要で，誰にでも安価に実施することができます。個人だけでなく学校や企業でも気軽に利用することができるでしょう。集団実施や遠隔実施（メール

相談等）がしやすいというのも，利点だと思います。

　実はナラティブ／社会構成主義カウンセリングと言っても，分野により実践家により，それぞれのやり方・アプローチは異なります。本書では各流派の相同・相違を比較することによって，「何がナラティブ／社会構成主義のエッセンスなのか」「何が各流派の違いなのか」を見ていこうと思います。入門編として設定し，図示や例示・事例を多用している本書を最初に読んでいただければ，抽象的・哲学的な表現が多い他のナラティブ／社会構成主義カウンセリングの書籍も分かりやすく読み進められるのではないかと思っています。なお本書の後半部分は入門編の趣旨からは多少それていきますので，お好きな章をお好きなだけお読みいただければ結構と思います。

　本書は私の専門や立場から，大学生の例示や大学生に対するキャリア・カウンセリング事例が多くなっています。その辺りについてはどうぞご容赦ください。また本書がキャリア・カウンセラーを主たる読者対象としながら，キャリアが専門ではないカウンセラーや教職員，企業の人事担当者，就職窓口担当者，福祉担当者なども対象にしている関係で，専門家向きとは思えない表現がそこここで出てくるかもしれませんが，その辺りも合わせてご容赦いただければ，と考えています。

　そうした欠点を差し引きつつ，ぜひ本書を手掛かりに，皆さんが採用している各種技法とナラティブ／社会構成主義カウンセリングの違いを理解し，実際に構造的な質問を自分にしてみて，その効果や違いを体験してみてください。ぜひ皆さんの実践を社会構成主義的に脱構築し，より効果的・効率的な実践に再構築していただければ，と思っています。

秋田県立大学　渡部　昌平

【はじめにの参考文献】
ピーター・ディヤング　インスー・キム・バーグ　2016　解決のための面接技法〔第4版〕ソリューション・フォーカストアプローチの手引き　金剛出版
渡部昌平編　2015　社会構成主義キャリア・カウンセリングの理論と実践　福村出版

目　　次

はじめに

第 1 章　社会構成主義入門

（1）社会構成主義について〜キャリア・カウンセリングに寄せて ········· 1

（2）意味を掘り起し（あるいは作り出し），未来につなげる ················ 4

（3）未来の生物的・心理的・社会的な適応に向けて ······························ 5

・社会構成主義と構成主義：用語の違い　7

・分野によるナラティブの扱いの違い　8

・専門とは異なる就職を目指すが，方向性に悩むＡさん　9

・就活で「攻める会話ができない」というＢさん　10

第 2 章　社会構成主義の各種アプローチからの示唆

（1）自らの実践を再構築する ·· 11

（2）ナラティブ・セラピーからの示唆 ··· 11

（3）解決志向アプローチからの示唆 ·· 12

（4）家族療法からの示唆 ··· 14

（5）サビカス「キャリア構築理論」からの示唆 ······························ 15

（6）コクラン「ナラティブ・アプローチ」，ピーヴィ「ソシオダ
イナミック」からの示唆 ·· 17

（7）ガイスバーズ「ライフ・ロール・アセスメント」からの示唆 ········ 17

（8）その他の技法からの示唆 ·· 18

（9）おわりに ··· 19

・専門と関係ない就職先を考えつくも，エントリーシートが書けない
Ｃさん　22

・人生に流れるテーマ／ストーリーに気づく（探す）　23

・ネガティブな資源がポジティブな資源に変わる！　24

第3章　社会構成主義以外のアプローチとの関係

（1）　はじめに ………………………………………………………………… 25

（2）　認知行動療法との関係 ………………………………………………… 25

（3）　交流分析の人生脚本との関係 ………………………………………… 26

（4）　ロジャース（共感・傾聴）との関係 ………………………………… 26

（5）　ホランド（ＲＩＡＳＥＣ）との関係 ………………………………… 27

（6）　シャイン「キャリア・アンカー」との関係 ………………………… 28

（7）　ポジティブ心理学との関係 …………………………………………… 29

（8）　プランドハプンスタンス理論との関係 ……………………………… 29

（9）　アドラー心理学との関係 ……………………………………………… 30

（10）　統合的ライフ・プランニングやカオス理論との関係 ……………… 31

（11）　ナラティブ／社会構成主義キャリア・カウンセリングの利点／

おわりに ………………………………………………………………… 31

第4章　未来の適応に向けたキャリア・カウンセリングの
　　　　可能性と注意点～ライフ・キャリア進化論

（1）　はじめに ………………………………………………………………… 35

（2）　突然変異（変化）……………………………………………………… 35

（3）　変化の頻度（適応への確率）を高める ……………………………… 36

（4）　周囲の環境（もしくは自分の囚われ）からの分岐／スプリット …… 36

（5）　自然選択・適応／偶然の変化 ………………………………………… 37

（6）　集団選択 ………………………………………………………………… 37

（7）　利他行動・協力／共進化・共生 ……………………………………… 37

（8）　間接学習 ………………………………………………………………… 38

第5章　1対1のカウンセリングからの拡張

（1）　カウンセリングは1対1でなければいけないのか ………………… 41

（2）　カウンセリングでなければいけないのか／心理学でなければいけ

ないのか～カウンセリングとガイダンス・教育の共通点と相違点 …… 41

（3）　伝えること・教えること ……………………………………………… 42

目　次　vii

（4）　伝えること・教えることの課題 ……………………………………… 44
　　・　対面でなければできないのか　46

第6章　「未来への適応」に向けた意味づけを探す（ライフ・キャリ
　　　　アの構築）
（1）　構造的な質問＝質的アセスメントの活用 ……………………… 47
（2）　STF（System Theory Framework）という考え方 ……………… 49
（3）　オリジナルワークを作る ……………………………………… 49
（4）　オリジナルワークシートの例 ………………………………… 50
（5）　構造的なインタビューでなければいけないのか ……………… 51
（6）　倫理的問題／誰のためのカウンセリングか ………………… 52
　　・　理論にクライエントを合わせるのではない　58

第7章　ナラティブ／社会構成主義キャリア・カウンセリングを
　　　　実践する
（1）　はじめに ……………………………………………………… 59
（2）　就職相談の場面 ……………………………………………… 60
（3）　メモ・記録 …………………………………………………… 63
（4）　ガイダンス・教育・研修の場面 …………………………… 65
（5）　志望動機，自己ＰＲが言えない学生 ……………………… 66
　　・　ナラティブ／社会構成主義キャリア・カウンセリングの進み方の実際　68
　　・　クライエントへの宿題の例　69
　　・　望ましい未来の「簡単な」引き出し方　73
　　・　就職か進学かで迷うＤさん　74
　　・　1人ひとりの個性を見つめる　75

第8章　ナラティブ／社会構成主義キャリア・カウンセリングの
　　　　考え方／学び方／教え方
（1）　誰が相談者たり得るのか …………………………………… 77
（2）　専門家の意味 ………………………………………………… 78

viii

（3）　どう学び，どう教えていくのか ……………………………………… 78

（4）　何が必要なのか …………………………………………………… 80

（5）　私たちはどこに行くのか〜クライエントには何をすればいいのか ⋯⋯ 81

　　・　映像を用いてナラティブ／社会構成主義を学ぶ　83

　　・　講義形式でのナラティブ／社会構成主義キャリア・カウンセリング
　　　　の活用例　84

第9章　ナラティブ／社会構成主義キャリア・カウンセリングの限界

（1）　ナラティブ／社会構成主義キャリア・カウンセリングの限界 ……… 89

（2）　カウンセラー側の限界 ……………………………………………… 89

（3）　関係性の限界 ………………………………………………………… 90

（4）　カウンセラーの宿痾 ………………………………………………… 91

（5）　心理カウンセラーとそうでない支援者との関係 ………………… 92

（6）　おわりに ……………………………………………………………… 93

　　・　カウンセラーが相談に失敗しかかったEさん　94

　　・　相談が延々続いたFさん　95

　　・　日本でのナラティブ／社会構成主義キャリア・カウンセリングの適用　96

第10章　更なる議論のために

（1）　カウンセリングの構造をどう記述・理解するか ………………… 97

（2）　クライエントの幸せとは何か〜誰が判断するのか ……………… 105

（3）　カウンセラーとしての社会正義 …………………………………… 105

（4）　脱構築・再構築のとらえ方〜何を脱構築・再構築するのか ……… 106

（5）　あなたと周囲のカウンセラーとの関係はどうですか …………… 107

　　・　年齢などの背景によるキャリア・カウンセリングの違い　109

　　・　他分野からの学び　110

おわりに

第1章　社会構成主義入門

（1）　社会構成主義について〜キャリア・カウンセリングに寄せて

　社会構成主義では人は客観的事実の世界に生きているのではなく，自ら意味づけた（また周囲から意味づけられた）世界に生きていると考えます。そして自らや環境に意味を与え，それを再構成し，それに基づいて思考・行動していくと考えます。別の言い方をすると，個人の学習は，他者や環境との相互行為によって成り立ちます。即ち周囲の人からの評価や周囲の人たちとの関係の中で，その行為の意味が個人の中に形成されていきます。そしてその大きな物語に沿って人生を歩んでいきます。

　例えば「自分はダメだ」と自己評価すると，それに合った「親によく怒られた」「学校の教師にもよく怒られた」「成績も良くなかった」「友達も少なかった」というような個々の小さな物語を想起して，自分の評価を正当化（大きな物語化）していきます。ナラティブ／社会構成主義キャリア・カウンセリングの第１人者であるサビカス（2015）はこれをアイデンティティーと呼んでいます。サビカスに言わせれば，「自己」の中には語られるアイデンティティーもあれば語られないアイデンティティーも存在することになります。

　「自分はダメだ」という大きな物語を作った生徒は，「自分はダメな人間だから（人に迷惑をかけないように）発表や質問はなるべくしないようにしよう」「役職には立候補しないようにしよう」「人の後ろにいて迷惑をかけないようにすればいいや」と重要な経験をしないままに人生を送るかもしれません（図１）。人生の重要な選択も流れに任せたり人に任せたりするかもしれません。

　一方，同じ経験（環境）を過ごしていても，人により受け取り方は違います。「親によく怒られた」「学校の教師にもよく怒られた」「成績も良くなかった」「友達も少なかった」別の生徒は，「大人は分かってくれない」「周囲の人間も理解してくれない」「自分だけが正しい」「いつか目にもの見せてやる」という意味づけをするかもしれません。このように，客観的事実というよりも個人の

「僕はダメな人間だ」と思うと
「ダメな自分」を探し（構築し）始める

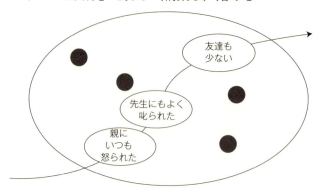

図1　「僕はダメな人間だ」と思うと

意味づけのほうがその人の態度・行動の決定には重要となります。

　このように，同じような経験をしたとしても，人によって「その経験の意味づけ」は異なってきます。後からの振り返りや考え直し，また後からの異なる経験によっても「その経験の意味づけ」は変化するかもしれません。例えば小中学校の頃に算数・数学が得意だった人は「僕は数学が得意だ」と考えるでしょうが，高校に入って数学が難しくなって解けなくなると「数学が得意だ」というアイデンティティーは変化を余儀なくされるでしょう。ある人は「数学は得意ではなくなったが，でも相変わらず好きだ」ということになるかもしれませんし，ある人は「数学は好きでなくなった」「数学はトラウマだ」「これからは数学や数字に関連した仕事は避けよう」というストーリーになるかもしれません。

　また「自分はダメな人間だ」と自己評価をし，目立たないように・何もしないようにと育った生徒も，実は「ダメじゃない部分」を当然に持っています。例えば，本人も注目していないが「集中力がある」「狭いが深い人間関係」などの部分です。それら（オルタナティブ・ストーリー）が語られないまま残っているというふうに社会構成主義では考えます（図2）。語られなかった「自

己」が存在し，啓発的な人との出会いや啓発的な体験，重要な進路決定の岐路など，何らかのきっかけで自分の中の別の小さな物語に気づくことで「新しい（別の）大きな物語」に気づくことがあるかもしれません。しかし多くの場合，そのまま埋もれてしまっていることも少なくありません。これを意図的に掘り起こして「適応的な未来」を構築しようとするのがナラティブ／社会構成主義キャリア・カウンセリングです（図3）。掘り起こすことで自分自身が作り出している「しがらみ」を断ち，より自分自身や環境に適応していこうとするのです。

　人には誰でもいつかどこかに「好きなもの／こと」「楽しかったこと／場面／時間」「感心・感動したこと」「頑張ったこと」などがあると思います。それらを想起して「自分にとってどういう人生を送ると幸せ／満足と思えるか」「これからどういうもの／こと／価値観を大切にしていきたいか」「そのためにはこれから何をしたらいいか／何をしたいか」と考える（語られていない自己の中にある未来のための資源を探す）ことで，未来に向けたキャリア構築をイメージする，というのがナラティブ／社会構成主義キャリア・カウンセリングの考え方です。即ち，環境（社会的背景）への適応にはもちろん配慮しますが，

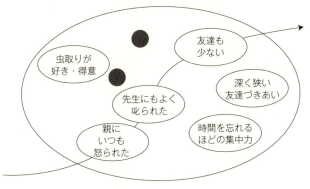

図2　語られないエピソード

「好きなこと」「頑張ったこと」を問う
「ダメな自分」以外を焦点化

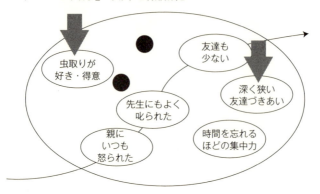

図3　キャリア・カウンセリングによる新たな物語の発見

自分自身の感情や気持ち（生物的・心理的背景）にも適応していこうとすることを重視しようという考え方です。

（2） 意味を掘り起こし（あるいは作り出し），未来につなげる

　ナラティブ／社会構成主義キャリア・カウンセリングでは，クライエントとのやりとりやクライエントへの質問等を通じて（具体的には第2章及び第6章をご参照ください），未来や現在の「意味」が掘り起こされていったり，新たに定義されたりしていきます。

　ヒトも生き物ですから，快不快原則に基づき苦痛や不快，不安感を本能的に避けようとします。ゲームやマンガなど一時的な享楽のほうに嵌りやすい傾向にあります。しかし「野球が上手くなりたい」と思えば，ランニングやつらい練習にも自主的に取り組むかもしれません。「医者になりたい」と思えば，数学や理科が苦手でも取り組むでしょうし，塾や家庭教師につくかもしれません。未来や未来につながる現在に意味が生じれば，その意味に基づいて積極的に行動しはじめます。

　「あって欲しい未来」を考えることで気持ちも前向きになりやすく，「あって

欲しい未来に向けて今使える資源」を考えること，「あって欲しい未来に向けてこれから頑張ること」を挙げていくことは，現時点の行動としては苦痛や不快，不安感であるかもしれないけれども，「未来につながる努力」という意味が生じることで「頑張れること」「頑張りたいこと」になります。

　第5章で再度詳しく述べますが，このように社会構成主義の考え方は教育・訓練にも馴染みやすい考え方です。教育的観点からクライエントに関わる場合，もしくはカウンセリング場面の中で「宿題を出す」場合にも，社会構成主義の考え方が有効であることがご理解いただけると思います。

（3）　未来の生物的・心理的・社会的な適応に向けて

　これまでの説明のとおり，人は必ずしも自分のことを客観的に評価できている訳ではなく，むしろ自分のことを（または／合わせて周囲の環境のことを）否定的に評価している人も少なくありません。その評価が，場合によっては未来に向かって個人に不利に働くことも少なくありません。例えば「未来への不安」「現在の自信のなさ」に由来する消極性や後ろ向きな態度・行動・言動です。例えば「周囲への評価の低さ」による，周囲への協力や感謝の不足です。折角の周囲の資源を活用しきれない場合も出てくるでしょう。

　後述しますが，誤解を恐れずに言えば，ナラティブ／社会構成主義キャリア・カウンセリングでは「今，ここ」を必ずしも重視しません。ナラティブ／社会構成主義キャリア・カウンセリングにおける「今，ここ」は，あくまで「あって欲しい未来に向けた通過点」であって，どういう未来を構築したいかというほうを優先します。即ち「今，自信がないから何もしない」ではなく「未来に自信を持ちたいから今，何かをする」と考えるのであり，「未来が不安で何をしていいか分からない」ではなく「未来の不安をなくするために，今何かをしておく」と考えるのです。

　「今，（生物的にも心理的にも社会的にも）適応できているし，これからの未来も大丈夫」という人はそのままで良いのでしょうが，これから社会に出る多くの若者，そして少なくない社会人でも「今も，これからも（生物的にも心理的にも社会的にも）適応できる」と大いに自信を持って言える人は少ないのではないでしょうか。将来までも自信満々という人は少ないでしょう。そういう

人たちに対して「未来に向けて適応していこう」「これから少しでも自分にとって居心地のよい未来を作っていこう」と一緒に考えていくのが，ナラティブ／社会構成主義キャリア・カウンセリングなのです。

　具体的な考え方や技法については，第2章以下の章で整理・考察していきたいと思います。

※人が持つストーリーはもちろん「自分はダメだ」「自分だけが正しい」というものばかりではなく，いろいろなものがあります。ただ経験上，多かれ少なかれ特定の場面においてこうした「自分自身の成長やチャンスに制限をつくる」ストーリーを持つ人は少なくありません。そのストーリーを持ったままでは個人の能力を最大限発揮できなかったり，周囲の資源を最大限活用できなかったりという課題が生じるように感じています。この章では例示として「自分はダメだ」というストーリーを持っている場合の課題を考えましたが，この問題は想像以上に大きな影響があると考えています。

※社会構成主義そのものは「人は客観的事実の世界に生きているのではなく，自ら意味づけた（または周囲から意味づけられた）世界に生きている」と考える中立的なものです。ナラティブ・セラピーあるいはナラティブ・アプローチでは，クライエントが「自ら意味づけた（または周囲から意味づけられた）世界」に囚われた状態にあるところから，その「囚われた状態のナラティブ」を質問等を通じて抜き出して，クライエントに「さて未来はどうしましょうか」と問いかけるイメージだと思われると分かりやすいのではないかと思います。

【第1章の参考文献】
ケネス・J・ガーゲン　2004　社会構成主義の理論と実践　ナカニシヤ出版
ケネス・J・ガーゲン　2004　あなたへの社会構成主義　ナカニシヤ出版
マーク・L・サビカス　2015　サビカス　キャリア・カウンセリング理論　〈自己構成〉によるライフデザインアプローチ　福村出版
渡部昌平　2015　「適応」の視点からキャリア支援を見直す－生物的・社会的・発達的側面からキャリア適応を考える－　秋田県立大学総合科学研究彙報15, pp41-44
渡部昌平編　2015　社会構成主義キャリア・カウンセリングの理論と実践　福村出版

■社会構成主義と構成主義：用語の違い

　個人内力動に注目する論者は「構成主義（あるいは構築主義）」，システム論を重視する論者は「社会構成主義」という用語を選ぶ傾向にあるようです。こうした用語は欧米でも混乱しているようで，例えば McMahon & Patton（2006）ではこれら用語を避けて Constructivist Approach という言い方をしています。

　下村（2015）は，心理的構築主義と社会的構築主義という言葉を用いて，これら用語の混乱を以下のように説明しています。「この2つの考え方の違いは何か。（中略）Guichard（2009）は，2つの考え方の違いを明確にするために，頭に「心理的」「社会的」の区別をつけて，それぞれ「心理的構築主義（psychological constructivist）」と「社会的構成主義（social constructionist）」と言い表している。つまり，大まかに言って，コンストラクティヴィスムの方は「個人の心理」を問題にしており，コンストラクショニズムのほうは「社会的な過程」を問題にしているのである（中略）。Cochran（1997）のナラティブ・アプローチや Savickas（2011a）のキャリア構築理論（career construction theory）は，どちらかと言えば，ともに心理的構築主義的である。一方，それに対して，McIlveen & Schultheiss（2012）が編者となっている書籍『Social Constructionism in Vocational Psychology and Career Development』は，完全に社会的構成主義のキャリア理論に関する書籍であり，Cochran や Savickas のような内容を期待して読み進めると，その雰囲気の違いにやがて気がつくことになる。」

　こうした定義は他の書籍でも見られ，心理学分野では「構成主義」という用語を用いる方も多くいらっしゃいます。しかし心理的構築主義を採用したとしても，「家族や友人からの影響」や「その社会における評価」はあります。サビカスも尊敬する人を，コクランも家族の特徴や自分との違いを質問します。

　確かに経験上，あまりに社会や周囲からの影響を重視してカウンセリングを実施するとクライエントの自律性が弱まる印象はありますが，それでも「尊敬する人からの影響」などの質問は行います。本書では，社会からの影響（社会構成主義的考え方）と自分自身の社会や自分への意味づけ（心理構成主義的考え方）をひとまとめにして，「社会構成主義」という用語を用いたいと考えています。

　下村英雄　2015「コンストラクション系のキャリア理論の根底に流れる問題意識と思想」渡部昌平編　社会構成主義キャリア・カウンセリングの理論と実践　福村出版

■分野によるナラティブの扱いの違い

　近年，医療・看護分野や臨床心理学分野でもナラティブ・アプローチが大きく取り上げられています。しかし，よく見てみると，ナラティブの扱い方は大きく違うようです。

　医療・看護分野では，従来からの検査等に基づく「エビデンス・ベースト・アプローチ」では患者に十分対応できていないのではないか，患者の語り（ナラティブ）を患者の語る意味そのままに受け止めよう，という趣旨で使っていることが多いようです。一方で，臨床心理学でナラティブ・アプローチという場合，それはクライエントの問題（症状）を消失させるために，クライエントのナラティブを積極的に変えること（別のナラティブを引き出すこと）を意図しています。医療・看護分野ではナラティブを「そのまま受け入れる」のに対し，臨床心理学分野ではそもそも見方を「変える」ことを意図しているのです。

　キャリア・カウンセリング分野はどうでしょう。あまり語られてこなかった仕事や人生に関する特定の語り（ナラティブ）を掘り起こし，クライエントにとって望ましい未来像を構築する／未来を構築するための資源を探すことを目標としています。医療・看護分野と臨床心理学分野の中間にも感じられますし，見た目的にはまた違った形態をしているように見えます。

　クライエントのナラティブを重要視するところはどの分野も共通ですが，そのナラティブをどう活用するかがそれぞれの分野によって異なるようです。キャリア・カウンセリング分野では未来を構築できるような特定の語りを引き出すため，構造的なインタビューやマッピングなどの形式（質的アセスメント：後述）を多く用います。従来のキャリア・カウンセリングでも「未来の目標」や「クライエントの資源」はヒアリングしていたものと思いますが，「特定のナラティブを掘り起こすための構造的なインタビューやマッピング」を用いるところが特徴になっています。業種や職種を問うというよりも，ナラティブを通じて興味や関心，価値観，知識や経験，組織での役割や責任感など「ライフ・テーマ」を明確にしていく感じと言うと伝わりやすいでしょうか。

　なおキャリア・カウンセリングの分野でも，クライエントの問題や弱みを解決するために，臨床心理学のような「見方を変える」技法を使う場合もあり得ます。詳しくはこの後の章でご確認ください。

■専門とは異なる就職を目指すが，方向性に悩むＡさん

　専攻分野ではない就職を考えたいというＡさん。「どうやって業種・企業を選んでいいか分からない。軸が欲しい」と来談。

　職業カードソート（図13参照）をやってみて重視したい仕事への価値観は「明るく楽しい」と「行動する仕事」。続いて実施したライフ・キャリア・アセスメント（第２章（7）参照）では，

・野球。勝つとワクワクした。練習は厳しかったが，結果が出るとうれしかった（ので練習をしっかりやった）。

・テニス。個人競技だが，チームの応援が力になり，プレッシャーにもなった。どう打つとどう曲がるか真剣に考えた。テニスサークルでは部長をやった。苦労したが楽しかったといえば楽しかった。

・学外では，コンサート，テニス大会など。音楽は自分も元気になるし，プロのテニスを見るとやはり勉強になる。

・友人と行った日帰り旅行：野球やテニスで旅行にはあまり行けなかったが，数少ない旅行経験は楽しかった。

・製薬会社のインターンシップ（高校まで薬剤師も考えていた）

等の回答があった。

　相談の結果，志望先候補として旅行会社，イベント会社，医薬系コンサルティング会社，娯楽系企業などを挙げる。業種・職種は絞り切れないままだったが，本人はあれこれ考えるよりも「考えながら行動するほうが好き」とのことで，選んだ会社に共通する「ワクワクすることがやりたい」「ワクワクするためには（野球やテニスのように）下準備は欠かさない」という価値観を確認し，それに合った就職活動を行うこととして相談を終了。

　３ヶ月ほど後，鉄道会社に内定。本人は「安全のために下準備は欠かせない」「人々のお出かけのお手伝いができる」と進路を決定。今回の相談について「選択の幅が拡がった」「（履歴書の添削・面接練習等の就職相談とは別に）いつでも相談に来られるという安心感があった」との感想を残した。

　従来型の相談であればどうしても専攻や部活をキーワードにせざるを得ず，旅行会社やイベント会社，鉄道会社という選択肢は出てこなかったかもしれないと考えている。

■就活で「攻める会話ができない」というBさん

　就活の中で「攻める会話ができず守りに入ってしまう」「不安があると持ち味が出せない」と相談に来たBさん。

　好きな物語（第2章（5）参照）を聞いたところ「人の優しさが感じられる物語」，モットーは「人に感謝」。攻める会話と優しさとの関係を聞いたところ，「人に嫌われたくない気持ちが強く，言いたいことを言えず，相手に合わせてしまう」「人を傷つけたくない，他人に嫌われるくらいなら自分を押し殺してもいいと思う」。不安があると持ち味が出せないことと攻める会話との関係を聞いたところ，「自信を持って行動したいが，本当にできるのか，それを口にしていいのか不安。完璧主義に陥りやすく，ちょっとでも劣っていると自分はダメだと思う。攻める会話をしたい気持ちがあるが，その言葉を口にしていいのかと不安に繋がる」。気になる単語を確認したところ，攻める会話は「自分の考え・気持ちを，周りの評価を気にせずに素直に出せる」，不安は「完璧主義で，不安がネガティブな思考に繋がってしまう」，持ち味は「相手と話して，相手に行動を起こさせることができる」と再定義された。結果，「攻める会話ができない」のではなく「素直な自分を表現したい」というナラティブに変化した。

　カウンセリング全体を通じて，「攻める会話ができない」「不安がある・自信がない」と言っていたクライエントが，「相手を傷つける意見は言いたくない」という自分の優しさに気づき，「自分の素直な気持ちを言いたい」という気持ちを認めることができた。また内向性や完璧主義から生じる自信のなさや不安に気づき，内向的な自分でも人とうまくやってきたという「例外」を発見することもできた。さらに別のポジティブな資源（好奇心・情熱）も見つけることができた。結果，自信を持って就活に向かうことができ，4ヶ月後には第一志望の企業から内定を得ることができた。

　従来のカウンセリングであれば主訴である「攻められない（人との対立を避ける）態度」や「不安（内向的で，完璧主義）」に焦点を当てるかもしれないが，ナラティブ／社会構成主義キャリア・カウンセリングでは「今，ここ」の問題解決よりも未来の構築のための資源を優先するため「人の優しさや感謝を大切に」「マイペースが好き（≒内向的）」等のクライエント自身が考えるポジティブな傾向や価値観が早期に整理・確認できたのだと考えている。

第2章　社会構成主義の各種アプローチからの示唆

（1）　自らの実践を再構築する

　第2章では社会構成主義を採用する各流派のカウンセリングの特徴や技法を比較して見ていくことで，ナラティブ／社会構成主義カウンセリングの特徴や各カウンセラーなりの活用方法を考えていきたいと思います。

　前半では臨床心理学分野の社会構成主義アプローチを，後半ではキャリア・カウンセリング分野の社会構成主義アプローチを採り上げたいと思います。前者は「今ある問題（症状）」を扱うことが多いのに対し，後者は「未来（これから）の問題」を扱うことが多いですが，実際には類似した技法が用いられていたり，背後にある考え方が類似していたりします。

　是非皆さんなりにも比較・解釈・実践してみてください。ぜひ（5）からのナラティブ／社会構成主義キャリア・カウンセリングの質問に，ご自身でも答えてみてください。比較・実践することで，ご自身の実践を「外在化」「脱構築」「再構築」できるのではないかと感じています。

（2）　ナラティブ・セラピーからの示唆

　ホワイトなどのナラティブ・セラピーでは，まず現在の問題・課題をクライエント自身から切り離す「外在化」という技法を用います（図4）。現在の問題にのめり込み（囚われ）過ぎるのではなく，問題がある程度「対象化して」「客観的に」（というと語弊がありますが）見ることができるようになります。「クライエントの中に問題がある＝即ち，クライエントに責任がある」ではなく，一旦クライエントの外に「問題」を出して，クライエントとカウンセラーとが一緒になって問題に対峙するという「治療同盟」を作りやすくするのです。そしてその問題に名前を付ける（メタファー化する）ことによって，その後の対応をやりやすくしています。問題を「クライエントの外に存在する文脈に位置づけられたもの」として扱うのです。あとはクライエントとともに，その問

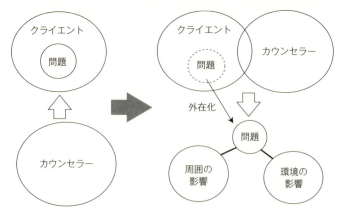

図4　問題をクライエントから切り離し（外在化し），治療同盟を作る

題とそれを引き起こす文脈に対処すればいいことになります（脱構築）。そして問題からの影響の相対化（スケーリング），問題が人生に与えた影響の評価，評価の正当性の検討，例外探し（ユニークな結果：問題が起こらなかった場面探し）などの手法を経て，新たな物語（オルタナティブ・ストーリー）作りへと進んでいきます。

　ホワイトらの書籍では例えば子どものパニックについて外在化して名前をつけ，「その悪者はいつ現れやすい？」「その悪者を退治するために君ができることはある？」のように対処していきます。

　キャリア・カウンセリングの場面においても「今，自信がないから」「未来が不安だから」何もできない，というクライエントが多く存在します。その気持ちを受け入れ，尊重することは大切ですが，そこに長時間立ち止まるのではなくその状況を外在化し，その影響に配慮しつつも例外探し（自信があった／少なくとも自信がないとは考えていなかった場面や時期を探していく）などをしながら，新たな物語探し・作りを進めていくことができるようになります。

（3）　解決志向アプローチからの示唆

　解決志向アプローチでは，まず解決像（どうなればいいか）をイメージしてゴール（具体像）を定めます。その際①ゴールは大きなものではなく，小さな

ものであること②抽象的なものではなく，具体的な，できれば行動の形で記述されていること③否定形ではなく，肯定形で語られていることが求められます。そして解決に向けての質問を進めていきます。

そのために解決志向アプローチでも「例外探し」「スケーリング」などの技法が用いられます。例えばスケーリングで言えば，昨日と今日で不安度が２違ったら「どうして２単位違うのか」を確認していきます。その２単位をもたらすものが明確にできれば，対処方法もある程度掴めたことになります。また不安度が昨日今日で違わずとも「どうすれば１単位改善すると思うか」と問う方法もあります。同様の技法として「治療前変化の確認」があります。多くのクライエントは相談前に何かしらの「良き変化」（改善・悪化を繰り返しているかもしれませんが）を経験しています。そこを確認するということです。また「もし問題が解決していたら，どうなっていますか」と先に改善した未来を考える「ミラクルクエスチョン」という技法も用いられます。これは「未来の望ましい具体的イメージ」を構築するのにとても有効です。例えば「１人で買い物に行くと思います」というような回答があった場合，（解決前にでも）それを先にやってしまうということも考えられます。「１人で買い物に行く」イメージを持つだけでも，状況が好転するかもしれません。

解決志向アプローチでは宿題（課題）を出すことも行われています（ナラティブ・セラピーでも手紙を書くなどの技法があります）。「例外を見つけてくる」であるとか「例外をもっとやってみる」「問題が起こる状況を予想してみる」などの課題です。これらによりクライエントは状況をコントロールすることに成功感を覚え，自ら対処できるようになっていきます。

キャリア・カウンセリングにおいてもミラクルクエスチョンを使って「望ましい未来」をイメージすることが可能ですし，例外探しやスケーリングを使ってクライエントの中にある「資源」を探すことも可能です。課題を与えて実践することでクライエントの中にコントロール感や自信をつけていくことも可能だと思っています。

解決志向アプローチをイメージしたキャリア・カウンセリングの構造を図５に示します。

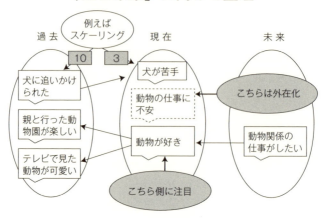

図5　動物への不安を持ちつつも「動物関係の仕事がしたい」としたら

（4）　家族療法からの示唆

　家族療法では，問題と関連する家族の行動を変化させ，それによって他の家族員の逆説的反応を引き出す（例：解決のために働きかけていることが悪循環の一端を担っている場合，働きかけをやめさせる）「パラドックス」，同じ対象を別の視点からとらえ直し，その対象の意味づけを変えることによって気分・感情をネガティブなものからポジティブなものへと変える「リフレーミング」，言葉で質問して言葉で答えてもらうのではなく実際に演じてもらう「エナクトメント」などの技法を経たうえで認知療法，行動療法，遊戯療法などの技法も用いて家族内の認知や行動，関係（かかわり）を変えていくことが多いようです。認知療法や行動療法などは用いずに，完全にナラティブ・アプローチのみを用いておられる方もいらっしゃいます。
　キャリア・カウンセリングでは家族が相談に随行・協力することは少なく，少なくとも日本のキャリア・カウンセリングにおいては親や家族との関係を持ち出すことは非常に少ないですが（欧米のキャリア・カウンセリングでは家系図＝ジェノグラムを書かせるのは比較的頻繁に行われているようです），家族を含めた「周囲からの影響」を考えさせることは「現在の自分」の成立過程を

家族療法

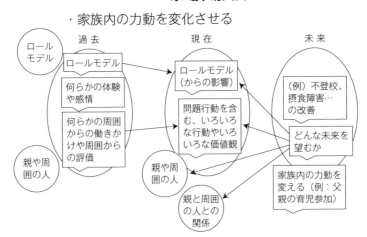

図6　家族療法の構造を社会構成主義的に図示してみると

知る上では重要になります。例えば長子であることや末子であること，また両親との関係は，当の本人にとっては大きな意味があるかもしれません（例えば「親から離れたい」という気持ちは，独立心として機能するかもしれません）。キャリア・カウンセリングで周囲からの影響に重点を置くか個人の中に重点を置くかで異なりますが，前者の取組の場合には家族療法の技法も十分に参考になるのではないでしょうか（第6章（2）も参考にしてみてください）。

（5）　サビカス「キャリア構築理論」からの示唆

近年の社会構成主義キャリア・カウンセリングの実践家の第一人者として，サビカスが挙げられます。サビカスはキャリア・ストーリー・インタビューという形式で①幼い頃に憧れた人（ロールモデル）②よく見るテレビ番組や雑誌③好きな物語（本や映画）④好きな言葉・モットー⑤人生のごく初期の記憶ということを構造的なインタビューとして聞いていきます（図7，図8参照）。これらがクライエントの人生観や興味・価値観を反映していると考えるのです。野球が好きな人は野球選手に憧れるでしょうし，モノ作りが好きな人はモノ作

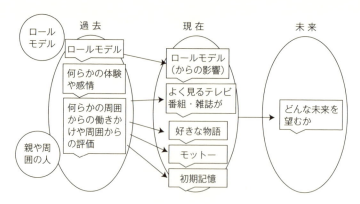

図7 キャリア構築理論

「望む未来」から過去・現在を再構築

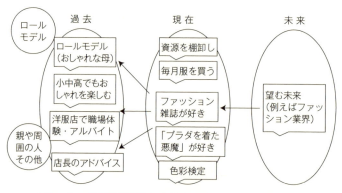

図8 キャリア構築理論によるキャリア・カウンセリング

りに関係するテレビや雑誌を見るでしょう。考えてみると日常生活（学校生活や職場生活を含む）全てにその人自身が反映されていることが分かります。

　なお私が個人的に日本の学生に同様の形式でインタビューしてみますと，例えば「テレビ番組」では男子学生はお笑い番組を，「雑誌」では女子学生はファッション誌に集中する印象を持っています。即ち，本邦の学生はキャリア・

ストーリー・インタビュー（だけ）ではライフ・キャリア・ストーリーを具体的に構築できない学生も少なくないということです（経験上，大学院生くらいになると，かなりピントが合うようになってきます）。大学の実践では以下にも示すいくつかの質的アセスメント（多くの場合はインタビュー形式をワークシート化しています）を複数組み合わせて使っています。

（6） コクラン「ナラティブ・アプローチ」，ピーヴィ「ソシオダイナミック・カウンセリング」からの示唆

コクランは①ライフライン（人生を上下行する曲線で描写する）②ライフチャプター（自叙伝の各時期に章名をつける）③成功体験のリスト化④家族の布置（家族の特徴，違いを確認する）⑤ロールモデル（尊敬する人と自分の相同・相違を確認する）⑥人生早期の記憶などのインタビューを通じて，クライエントのナラティブ・ストーリーを「強化」していきます。

またピーヴィは①複数のライフ・ストーリー（役割）の傾聴②そのそれぞれの役割（例：ライター，講師，夫……）のマッピング③人生の章の名付け④特徴やポジティブな特性等の明確化などの技法を用いて，最終的にライフ・スペース・マッピング（自分自身の人生の図示）を完成させていきます。

読んでいただいて分かるとおり，サビカスもコクランもピーヴィも，一部で同じ質問技法を用いています。それら体系的な質問技法を通じて，自分の人生の意味づけ，資源探しなどの明確化を進めています。これがナラティブ／社会構成主義キャリア・カウンセリングの特徴であり，従来のカウンセリングとの違いは，構造的インタビューやマッピングを用いて「クライエントから興味や価値観，資源を積極的に引き出し，未来のイメージを明確化する」「望ましい未来を明確にして，その未来と現在，過去を一貫したストーリーとして再構築する」ということになるかと思います。

（7） ガイスバーズ「ライフ・ロール・アセスメント（LCA）」からの示唆

ガイスバーズはライフ・ロール・アセスメントという技法を紹介しています。この技法は，4つのセクションからなり，

①キャリア・アセスメント

・好きな仕事経験を尋ねる

　例：人と一緒に働くのが好き，細かい仕事は嫌，変化する仕事が好き

・好きな教育・訓練経験を尋ねる

　例：挑戦しがいがあったので数学が好き，退屈なので歴史は嫌い

・好きな余暇活動を尋ねる

　例：素敵な人と人脈をつくるのにトランプをするのが好き

②日常

・典型的な1日を振り返り，好き嫌いを意識する

　例：1人でいるのは好きじゃない，グループの人間関係を楽しんでいる

③強みと障害

　自分の強み3つと障害3つを整理する

④サマリー

　上記のレビューを行う。

というふうに進みます（Gysbers, 2006）。

　学生に実施するときに私はセクション1を「仕事経験」ではなくて部活やサークル，クラス，友人間での「役割経験」「責任感」として「リーダーが好きな人もいただろうし，ナンバー2とかナンバー3が好きな人もいただろうし，縁の下の力持ち，話を聴く役，皆を笑わせる役，いろいろあったと思うけど，どんな役割の時が楽しかった？居心地が良かった？」というように聴いています。

　こうした役割や日常の何気ない作業や人間関係の好き嫌いなどからも，クライエントの興味や関心，価値観を掘り起こすことができるのです。

（8）　その他の技法からの示唆

　ガイスバーズのライフ・ロール・アセスメントにも包含されていますが，普段の1日の生活の中で楽しい時間や好きな人間関係を思い出す Ideal Day というワークがあります。

　他にも今／これからやりたいことを20個書き出していく20things というワークも知られています。体を動かすのが好きな人は体を動かすイベントを多く書くかもしれませんし，インドアで何かを作るのが好きな人はそうしたイベント

を書くでしょう。「やりたいこと」を書き出すことでも，クライエントの特徴を知ることができるのです。

　家系図を書かせてクライエント以外の家族とクライエントとの相同・相違を考えたり，その人物からの影響を考えたりするキャリア・ジェノグラムなどの技法もありますし，日本でもよく知られたものには職業カードソートやライフラインなどの技法もあります。自分の履歴書を見て，楽しかったものに〇，楽しくなかったものに×をつける，そしてそれはなぜかを考えていくというワークヒストリー分析という技法もあります。

　要は，クライエントが未来をどう構築したいかが見える（含まれる）ものであって，カウンセラーとクライエントとの関係の中で使いやすいものであれば，何でも良いということになります。インタビュー形式の質問をワークシート形式にすれば集団実施も可能ですし，職業興味検査などの標準化された量的アセスメントを用いて，それをそのまま活用するのではなくてグループメンバーと話し合うことで自らの興味や関心，方向性を意識させるようなグループワークを実施する実践家もいるようです。

（9）　おわりに
　ここでナラティブ／社会構成主義（キャリア・）カウンセリングについてその特徴を整理すると，
・「今，ここ」や現在の問題には執着しない（「今，ここ」は通過点と考える）
・望ましい未来をイメージ／未来を「構築」する
・望ましい未来に向けた行動・資源を考える
・ポジティブな面（資源）を見つける
・望ましい未来と現在，過去を「一貫したストーリー」として再構築する
・治療する（認知や行動を修正する）というより，語り（ナラティブ）≒意味付けを確認・変容する（別の語りを引き出す）
・クライエントとの共同作業／対等性（クライエントによる主体的な作業の支援）を重視する
・使えるものを使う（自分だけでなく家族も周囲も資源），今がダメであれば試しにでも今と違うことをやってみる

ということになるかと思います。

　従来の技法と共通する部分もありますし，もちろん異なる部分もあります。考え方の注意点については第4章で，実践については第6章で再度述べたいと思います。

【第2章の参考文献】

マイケル・ホワイト　2009　ナラティブ実践地図　金剛出版

アリス・モーガン　2003　ナラティブ・セラピーって何？　金剛出版

デイヴィッド・デンボロウ　2016　ふだん使いのナラティヴ・セラピー　北大路書房

M・ホワイト／D・エプストン　1992　物語としての家族　金剛出版

野口裕二編　2009　ナラティブ・アプローチ　勁草書房

シンシア・フランクリン　テリー・S・トラッパー　ウォレス・J・ジンジャーリッチ　エリック・E・マクコラム（編）　2013　解決志向ブリーフセラピーハンドブック　金剛出版

ジェラルド・モンク　ジョン・ウィンズレイド　キャシー・クロケット　デイヴィッド・エプストン　2008　ナラティヴ・アプローチの理論から実践まで　北大路書房

ピーター・ディヤング　インスー・キム・バーグ　2016　解決のための面接技法　ソリューション・フォーカストアプローチの手引き　金剛出版

森俊夫　黒沢幸子　2002　解決志向ブリーフセラピー　ほんの森出版

森俊夫　2001　"問題行動の意味"にこだわるより"解決志向"で行こう　ほんの森出版

ビル・オハンロン／サンディ・ビードル　1999　可能性療法　効果的なブリーフ・セラピーのための51の方法　誠信書房

若島孔文　2011　ブリーフセラピー講義　金剛出版

東豊　水谷久康　若島孔文　2014　匠の技法に学ぶ実践・家族面接　日本評論社

若島孔文　2010　家族療法プロフェッショナル・セミナー　金子書房

長谷川啓三・若島孔文／編　2002　事例で学ぶ家族療法・短期療法・物語療法　金子書房

東豊　1993　セラピスト入門－システムズアプローチへの招待　日本評論社

マイケル・F・ホイト　2006　構成主義的心理療法ハンドブック　金剛出版

全米キャリア発達学会　2013　D・E・スーパーの生涯と理論　図書文化社

マーク・L・サビカス　2015　サビカス　キャリア・カウンセリング理論　福村出版

渡部昌平　2016　社会構成主義からライフ・キャリア適応を考える―社会構成主義キ

ャリア・カウンセリング各派からの示唆— 秋田県立大学総合科学教育研究彙報, 17, pp19-23

Cochran,L. 1997 Career Counseling –A Narrative Approach, SAGE Pulications

Peavy,R.V. 2004 SocioDynamic Counselling –A Practical Approach to Meaning Making, A Taos Institute Publication

McMahon,M. & Patton,W. (ed) 2006 CAREER COUNSELLING –Constructivist Approaches, Routledge

Gysbers, N.C. 2006 Using qualitative career assesments in career counseling with adults. International Journal for Educational and Vocational Guidance 6 (2), 95-108.

■専門と関係ない就職先を考えつくも，エントリーシートが書けないＣさん

専門への興味が薄れ，人付き合いやドライブに興味を持ち，自動車関係に興味を持ったＣさん。ところが専門が生物系であり，車の経験もさほど多くはないため，「エントリーシートが書けない」と来談。

免許を１年ほど前に取り実家から借りた車に乗っているものの，別のメーカーのほうが良く感じるので，そのメーカーに関連した就職をしたい由。これまでの生活で「やりたいこと」「頑張りたいこと」を見いだせずにいたが，やっと「やりたいこと」を見つけたとのこと（ただしそのメーカーの車に乗ったことはなく，実家のもう１台の車も別）。現在の車で友人と温泉に行くなどのドライブは好きなこと，１人で運転することも好きなことを確認。

大学では英会話サークルに所属し，留学生や外国人との交流イベントを開催。また海外短期留学にも参加。どちらも友人に誘われたらしいが，本人は熱心に取り組んだ由。しかしここで相談がストップ。「尊敬する人」「よく見るテレビ，雑誌，本，映画」「古い記憶」などもピンときたものはない様子。小さい頃にマリオカート（ゲーム）が好きだった話や大型ファミリーカーに憧れた話が出るが，話が広がらずに終わる。

その後過去を振り返っていく中で，高等学校では学園祭の時に，中学校では新聞委員会で，大学で行った外国人との交流イベントのように徹夜したり学校に泊まり込んだりして「みんなで協力して何かを作り上げる」ことが楽しかったという思い出が出てくる。

そこで「その車が好き」「ドライブが好き」という話と組み合わせて，「みんなで協力して何かを作り上げることが好き」「好きな車やドライブを通じて，みんな（お客様）が喜ぶことに貢献したい」という志望動機を完成させた。またこれまでの車に関しての知識や経験が少ないことから，「社会人になったら車を買うことを前提に，各社の車を試乗してみる」「Ｂ級ライセンス講習や自動車整備の講習・勉強も考えてみる」などの行動も考えてみることとした。

本人曰く，相談の前はエントリーシートを書く自信が10段階で１だったものが，相談後には９にまで上昇したとのこと。車の知識・経験は少ないが，それを補う経験や態度を掘り起こすことで，エントリーシートの完成や本人の意欲を引き出した事例と考えている。

■人生に流れるテーマ／ストーリーに気づく（探す）

　私の父は既に亡くなりましたが，現役時代は人と接する仕事をしていました。定年退職を間近にして，当時，父は「定年退職したらのんびり英語の勉強でも始めるかな」と言っていましたが，結局は定年退職後も英語の勉強はせず，町内会の手伝いや近所の神社の氏子など「人と接する仕事」をし続けていました。3つ子の魂100まででではないですが，それぞれ人には自分自身がしっくりする場面や役割があるのだろうと思います。

　研修でご一緒したある方は，小学校の入学式の前に親に買ってもらった靴が気にいらず，親と一緒に別の靴と交換しに行ったという過去をお持ちでした。それ以降，服や靴は親と一緒に買い物に行って，ご自身で好みのものを選択されていたそうです。小さいうちから「私には選択権がある」「私を子ども扱いしないでほしい」という意志（＝人生のテーマ）をもっていたことに感動を覚えたことがあります。こうしたストーリーは「好きな／楽しかった／印象深いもの・こと・経験・人間関係・役割・場面」との関連で語られることが多いように思います。

　このように人それぞれ根底に流れる人生テーマのようなものがあるように感じています。小さい頃体を動かすのが好きだった方は，大きくなっても体を動かすのが好きかもしれません。小さい頃に本を読むのが好きだった方は，大きくなっても本を読むのが好きかもしれません。何らかの病気やケガ，失敗でそうしたストーリーが分断したり変化したりする場合もあり得ますが，その分断から始まるストーリーもまたあるように感じています。

　例えば「自分は才能のなさに打ちのめされたりもしたが，それでも曲がりなりにも一通りの仕事を何とかやってきた」など，そのテーマ（物語）は人から見たら大したものではないかもしれません。でもその人が一生懸命生きてきた証であり，誇れる一生であるかもしれません。

　ただ第1章のとおり人は時に自信を失いがちですし，また一方で環境のせいにして行動を起こさないということも起こしがちです。クライエントが不要な尻込みをしないよう勇気づけるのも，ナラティブ／社会構成主義を用いるキャリア・カウンセラーに必要な仕事だと思っています。

■ネガティブな資源がポジティブな資源に変わる！

　ナラティブ／社会構成主義キャリア・カウンセリングで自分の方向性や軸を見つけ，「なりたい未来の姿」が明確になると，これまでマイナス／ネガティブにとらえていた自分の資源のうちのいくつかのものが，ポジティブに使える資源になることにも気づきます。心理学で有名な「図と地」のように，片方にばかり目がいっていると，片方は見えないものです。

　「図と地」を意識すると，例えばコンプレックスはモチベーションとして，例えば親や周囲に怒られた記憶は自らの独自性や自己主張の証明として，例えば人に傷つけられた経験は相手を傷つけない優しさとして，など「ポジティブな資源」として使えることに気づきはじめます。「八方美人」を「愛想がよい」「親しみがある」というようにリフレーミングする（言い換える）という意味だけでなく，「未来の目標に向けて，その特徴をどう使うか」考えていけるようになります。10ページの学生Bさんの例で言えば，「攻める会話ができない」「内向的」ということに悩むBさんが，「人に優しく」「人に感謝する」という人生観に気づき，「相手を傷つける意見は言いたくない」という自分の優しさに気づき，「自分の素直な気持ちを言いたい」というふうに整理することができました。

　さらに言えば，「過去にダメだった自分」は「自分自身をダメだと思っている相手」に共感や理解を示すことができ，「自分自身をダメだと思っている相手」に優しく寄り添い，アドバイスすることができます。相手が不快に思うような自慢話ではなく，過去の「ダメだった自分」という失敗談を相手に見せることで，共感的な理解や信頼を得ることができます。

　体感的にはこうした経験は勿論Bさんのように1対1のカウンセリングの中もしくは後でも起こりますが，グループワーク（グループカウンセリング）を通じて他のメンバーとの関係の中で起こりやすいようにも思います。

第3章　社会構成主義以外のアプローチとの関係

（1）　はじめに

　ナラティブ／社会構成主義カウンセリングが「クライエントにとって望ましい未来から現在・過去を再構築するプロセス」であり因果律を重視しない（いわば従来のカウンセリングを反対向きにして実施している）以上，因果律に基づいて実施されている従来のアプローチとは，見た目的には（哲学的には）全く反対のことをしているように見える場合もあります。

　しかしクライエントの問題（症状）の喪失や望ましい未来の獲得を目指すという意味では同じ目標に立っており，実は見た目以上に類似点が多いと感じています。この章では第2章と同様，各流派との比較を通じて，ナラティブ／社会構成主義カウンセリングの特徴や各カウンセラーなりの活用方法を考えていきたいと思います

（2）　認知行動療法との関係

　「認知や行動が変わる」という結果（ゴール）だけを見れば，ナラティブ／社会構成主義カウンセリングと認知行動療法にはあまり違いはありません。ただ強いて言えば，認知行動療法が「誤った（もしくは問題となっている）認知や行動を変える」ことを目指しているのに対し，社会構成主義では「いろいろな自己（認知や行動）がある中で，別の選択肢を選ぶ」ということを意図しており，クライエントの認知や行動（あるいはクライエント自身）を面と向かって否定しなくて済むため，クライエントとの人間関係を作りやすい（上下関係あるいは正誤の肯定がなくても進む）というメリットがあるように思います。クライエントも「特定の認知や行動を捨てて，新しい認知や行動をする」必要がなく，「自分の中にあった別の認知や行動を取り出す」ことになるので，個人的には違和感やストレスが少ないのではないかと感じています。

　第2章でも述べていますが，社会構成主義の立場を取り，問題を「外在化」

することで，クライエントとの治療同盟が作りやすくなるように感じています。

※なお本章では社会構成主義アプローチのメリットを中心にご説明しますが，例えば「ちょうど適当なオルタナティブ・ストーリー」がない場合はクライエントに新たに知識や経験を積んでもらう必要があり，その場合は認知や行動の変容を専門とする認知行動療法の専門家のほうが効果的・効率的である可能性があります。以下の記述でもそうですが，どの技法を用いるかは一長一短があり，折衷的に用いられる方（あるいは自分の技法に社会構成主義的視点を入れる方）も多くいらっしゃるように感じます。「心理臨床への多元的アプローチ」（岩崎学術出版社）などの書籍もあります。

※行動療法の立場では，一般的にカウンセラーや教員や上司が「褒める」「承認する」ことを強化子として扱うことが多いですが，クライエントとの関係によっては必ずしも強化子とはならない（クライエントの意味づけによる）と考えています。もしその技法に効果がなければ「クライエントにとって強化子とは何か」と考える姿勢も必要だと思います。第9章（3）が一定の参考になると思います。

（3） 交流分析の人生脚本との関係

人生脚本とナラティブ／社会構成主義カウンセリングの考え方は非常に似ていると思っています。どちらもクライエントを支配する脚本を想定し，その変容を目指すという意味ではあまり変わりません。強いて言えば認知行動療法との関係と同様，交流分析が「誤った（もしくは問題となっている）人生脚本を変える」ことを目指しているのに対し，社会構成主義では「いろいろな人生脚本がクライエントの中にある中で，別の選択肢を選ぶ」ということを意図しているという違いがあるように思います。

そこが「入りやすさ」の一端になっているように思います。

（4） ロジャース（共感・傾聴）との関係

フロイトなど古典的精神分析が「過去（のトラウマ）」を探すのに対し，ロジャースなどの人間性心理学派は「今，ここ」（自分の気持ちや感情）を大切にしてきました。近年の社会構成主義の実践家たちはさらに，「今，ここ」（症状や問題，感情）に立ち止まらずに「あってほしい未来」を優先的に考える方向にシフトしてきているようです。

ただここで気をつけなければならないのは，共感・傾聴に関し，ロジャース派の人たちは単に「人の話を聞いていればいい」と言っている訳ではなく「積極的傾聴」という言葉を使っているということです。単純な受容だけでなく，繰り返し，反射，明確化，質問，時には対決を通じてクライエントが何を言いたいのか，本当は何を伝えたいのかを明確にしていきます。

傾聴とは，ただ単にクライエントの言っていることを聞けばいいという訳ではなく，クライエントから何かを引き出し，何かに気づかせる仕組みが重要なのだろうと思っています。それはナラティブ／社会構成主義カウンセリングについても同様です。ナラティブ／社会構成主義キャリア・カウンセリングでは構造化されたインタビューやマッピング等（質的アセスメント）を通じて，その気づきを促進することを目指しています。解決に向けた気づきを目指すという意味では，同じ部分があるのではないでしょうか。ただ「構造的な質問」という形式がある分だけ，ナラティブ／社会構成主義キャリア・カウンセリングのほうが初学者でも積極的な傾聴に入りやすいように感じています。

（5） ホランド（ＲＩＡＳＥＣ）との関係

私は最近，標準化された量的なキャリア・アセスメントはほとんど用いていません。短時間に集団実施できるという利点があるのですが，集団に対して結果を渡して解説しようとしても，結果を渡した時点で聞かなくなる（自己理解を深めようとしない）学生が少なくないからです。集団で自己理解を深めてもらうためには，学生自ら参加する必要がある質的アセスメント（後述：第6章参照）のほうが優れているように感じています（もちろん全ての学生に対してとは言えません）。なお1対1でアセスメント結果をフォローアップできる場合は量的なアセスメントは質的アセスメントと同様に十分に有効だと思いますし，集団実施する場合においても誰でも均質な評価を提供できるという意味では十分に意味があるものと思っています。

サビカスなどの社会構成主義の実践家たちは，質的アセスメントを多用し，必ずしも職業興味検査や職業適性検査などのような量的なアセスメントを使いませんが，何もホランドの職業興味検査などの標準化された量的検査を否定している訳ではありません（私もそうです）。人により異なるようですが，欧米

においても標準化された検査と質的アセスメントとを両方用いる実践家も少なくないようです。標準化された職業興味検査の結果についてグループメンバーで議論するという方式を，社会構成主義スタイルで実施する実践家の方もいらっしゃるようです。

標準化された量的アセスメントは基本的に誰でも実施でき，誰がやっても同じ結果が出ます。多くの場合，カウンセリングよりも時間がかからないことが多いように思います。それぞれにそれぞれのメリットがあるように思います。

大切なことはカウンセリングするのに当たってクライエントが今どこにいるのか，未来にどこに行きたいのかということをアセスメントするのに有効なツールを用いること，そしてクライエントにとって有効なツールとは何なのかということをクライエントとよく相談すること，クライエントの納得感を重視することなのだろうと思います。

※職業適性検査や職業興味検査などの標準化されたテスト（量的アセスメント）を使われている学校教育関係者，就職指導・就職支援担当者の方は多いと思います。繰り返しになりますが，量的アセスメントに意味がない訳ではありません。ただ「やりっ放し」「結果を渡すだけ」では効果が薄いように感じています。実は量的アセスメントも質的アセスメントも，そのままでは単に「現在を切り取ったもの」であって，決して「未来を予測するもの」でもなければ「未来を作り出すもの」でもありません。実施後に，①結果のどこが自分にフィットすると思うか，どこは自分にフィットしないと思うか②フィットした／しないと思った具体的なエピソードを思い出し，語る③改めて自分の「あって欲しい未来」を整理する，というプロセスを経て（そうした支援を経て），クライエント自らが「あって欲しい未来を構築していく」ことができるようになると思っています。

（6） シャイン「キャリア・アンカー」との関係

「環境との関係の中で，自分の軸や武器となるものを探す」という結果を見れば，ナラティブ／社会構成主義キャリア・カウンセリングとキャリア・アンカーを用いる技法にもあまり違いはないように思います。

私は個人的に外から与えられた類型化・タイプ分けが好きではない（個人の中にある「その人なりの言葉」を使うのが好き，「その人なりの言葉」にこそ

第3章　社会構成主義以外のアプローチとの関係　*29*

人生観が現れると考えている）なので後述の質的アセスメントばかりを多用し
ていますが，キャリア・アンカーの8つのカテゴリーに入らない人はわずか数
％しかいないそうです。質的アセスメントをして「クライエントの言葉」を多
用しても，残念ながら自分の軸が見つからない人は少なからずいます（経験上，
たぶん数％では済みません）。

　クライエントにせよカウンセラーにせよ，「類型化」「タイプ分け」で安心で
きる人・対応を考えやすくなる人は少なくないように思います。またタイプ分
けをしてグループ分けした上で，グループディスカッションするなどのプログ
ラムも考えられます。カウンセラーにとって「自分にとってのやりやすさ」は
とても大切ですが，各種の技法を学ぶことは自身の幅を広げることにもつなが
りますし，いろいろなクライエントのニーズにも対応できると思っています。

（7）　ポジティブ心理学との関係

　ポジティブ心理学にせよナラティブ／社会構成主義キャリア・カウンセリン
グにせよ，クライエントの中の「ポジティブな資源」を活用するという意味で
は大きな違いはありません。ただ，ややもすればポジティブ・シンキングはリ
スクを低く評価しがち（目をつぶりがち）な面があります。ポジティブ心理学
の専門家は課題を十分に理解していますが，リスクはリスクとして十分に配慮
すべきです。クライエントが望んでも，能力や適性によってできないことはあ
るでしょう。ただいずれにせよ，自分や環境のことを低く評価しているクライ
エントは少なくなく，社会構成主義にせよポジティブ心理学にせよ，クライエ
ントに何らかの勇気づけ（エンパワーメント）が必要なことは認めるべきだと
思います。

　個人的にはナラティブ／社会構成主義キャリア・カウンセリングの実践家の
ほとんどが（ポジティブ心理学の一部の人々と異なり）その技法を無料で公開
していることにシンパシーを感じていますが，それは効果・効能とは全く別の
問題です。

（8）　プランドハプンスタンス理論との関係

　プランドハプンスタンス理論は「個人のキャリアの8割は予想しない偶発的

なことによって決定される」とするものですから，ナラティブ／社会構成主義キャリア・カウンセリングのように「構築していく」カウンセリングとは一見異なるように見えます。また有名な5つの行動指針「好奇心」「持続性」「楽観性」「柔軟性」「冒険心」も，ナラティブ／社会構成主義キャリア・カウンセリングとは大幅に異なるように見えます。しかしこうした偶発性に出会うためにも「人が好き」「企画が好き」などの自分の方向性や軸は理解しておく必要はあります。過去や現在を振り返り，未来をイメージしておく必要があります。また来るべき未来に向けて準備をし，来るべき時には行動をする必要があります。プランドハプンスタンス理論では柔軟性を重視しますが，それは選択肢をオープンにするためです。ナラティブ／社会構成主義キャリア・カウンセリングでも自らのナラティブを確認・再構築し，オルタナティブ・ストーリーを探します。「失敗を恐れない」「まずやってみる」「内なる壁を克服する」というのもナラティブ／社会構成主義カウンセリングに類似しているように感じます。プランドハプンスタンス理論の創始者クランボルツはライアン・バビノーとの共著の中で「問題点でなくチャンスにフォーカスする」と本書（ナラティブ／社会構成主義キャリア・カウンセリング）と同様の主張をしています。スタート時点は全く違うように見えるものの，ゴール地点ではナラティブ／社会構成主義キャリア・カウンセリングと同じ方向を向いているように思っています。

（9）　アドラー心理学との関係

　アドラー心理学では，目的的に行動する（原因ではなく目的を自覚する）ことで人は幸せになれると説きます。目標に向かって行動しているときは不幸ではない，仮に今はつらくとも未来に向かって頑張れるという訳です。逆に「今」に囚われすぎると，「自信がないからできない」「つらいことから逃げたい」「リスクを取りたくない」ということにもなりかねません。「未来に向けた資源を探す」「その資源は1つではない（いま自分が持っているものだけでなく，これから自分が身につけるであろうもの，そして周囲も含めて全てが資源だ）」という点では，アドラー心理学にはナラティブ／社会構成主義キャリア・カウンセリングと類似した面があります。また原因を追及しない，課題を分離する（自分がコントロールできる課題のみを課題とする）という面でも，

ナラティブ／社会構成主義キャリア・カウンセリングに類似します。ただ「これまでの自分の選択責任を重視しない」のがナラティブ／社会構成主義キャリア・カウンセリングのメリットです。

実は社会構成主義キャリア・カウンセリングの大家であるサビカス（前章第5項参照）は「スーパーとアドラーに影響を受けた」と公言しており，そもそも非常に類似した考え方を持つものと理解しています。

（10）　統合的ライフ・プランニングやカオス理論との関係

人生を空間的にも時間的にも全てキャリア・カウンセリングで扱うとすると，確かに「まさにカオス（複雑系）」の中での検討となり，カウンセリングも複雑に考えざるを得ないかもしれません。ハンセンは統合的ライフ・プランニングの中で，キルトを縫い合わせることを喩えにしながら，こころとからだ・スピリット，そしてアイデンティティーや役割，発達，コンテクスト，さらには自己充足や結びつきといったものを人生の各時期を通じて統合するように支援するモデルを提唱しています。その考え方は正しいと思いますが，ではどう実践するかを分かりやすく説明するのが難しいように感じています。いわゆるカオス理論も同様で，複雑系を想定しています。こうしたモデルを「未来から続く現在」という視点で切り取ったとき，実践できるのがナラティブ／社会構成主義キャリア・カウンセリングではないかと思っています。ハンセン（2013）でも社会構成主義的ないくつかのワークが書籍の後半で紹介されており，こうしたワークも有効活用できるものと考えています。

（11）　ナラティブ／社会構成主義キャリア・カウンセリングの利点／おわりに

ナラティブ／社会構成主義キャリア・カウンセリングの利点として，

・クライエントを「カウンセラー化」できる（カウンセラーとともに自らの資源・症状を脱構築し，「未来に向けた適応」を再構築する経験を通じ，他の問題が起こっても自分で（脱構築・再構築を）やっていける）
・慣れてしまえば説明が容易で，少回数・短時間で終了しやすい（サビカスは通例で3回程度で終結しているようです。個人的経験としても，学生の就職相談が1回で終わることは少なくありません）

・柔軟で，応用が効きやすい

等の点が挙げられます。一方で通常のカウンセリングと同様またはそれ以上に，因果論を重視しないせいか「難解」「職人技」「ブラックボックス」等の指摘がない訳ではありません。

　とは言いつつ，社会構成主義は第1章のとおり人間理解の「メタ理論」であり，他療法と相容れないものではありません。実際，「認知行動療法と構成主義心理療法」（金剛出版）などの本も出版されています（下記参考文献をご参照ください）。

　本章では主としてナラティブ／社会構成主義キャリア・カウンセリングの優位点を解説しましたが，もちろんナラティブ／社会構成主義キャリア・カウンセリングにも限界や課題がない訳ではありません。限界や課題については別途，第9章で解説したいと思います。

【第3章の参考文献】

坂野雄二　1995　認知行動療法　日本評論社

大野裕　2011　はじめての認知療法　講談社

貝谷久宣　2012　図解やさしく分かる認知行動療法　ナツメ社

ミック・クーパー　ジョン・マクレオッド　2015　心理臨床への多元的アプローチ　岩崎学術出版社

藤沢優月　2009　新しい自分になる“人生脚本”　PHP研究所

古宮昇　2008　傾聴術－ひとりで磨ける“聴く”技術　誠信書房

東山紘久　2000　プロカウンセラーの聞く技術　創元社

John.L.Holland　2013　ホランドの職業選択理論　雇用問題研究会

エドガー・H．シャイン＆ジョン・ヴァン＝マーネン　2015　キャリア・マネジメント－変わり続ける仕事とキャリア　白桃書房

J.D.クランボルツ　A.S.レヴィン　2005　その幸運は偶然ではないんです！　ダイヤモンド社

ライアン・バビノー／ジョン・クランボルツ　2014　一歩踏み出せば昨日と違う自分になれる！　日本文芸社

岸見一郎　古賀史健　2013　嫌われる勇気　自己啓発の源流「アドラー」の教え　ダイヤモンド社

サニー・S・ハンセン　2013　キャリア開発と統合的ライフ・プランニング　不確実な今を生きる6つの重要課題　福村出版

全米キャリア発達学会　2013　D・E・スーパーの生涯と理論　キャリアガイダンス・カウンセリングの世界的泰斗のすべて　図書文化

マイケル・J・マホーニー編　2008　認知行動療法と構成主義心理療法　理論研究そして実践　金剛出版

第4章　未来の適応に向けたキャリア・カウンセリングの可能性と注意点～ライフ・キャリア進化論

（1）　はじめに

　本章では「進化」という言葉を使ってカウンセリングの構造の説明を進めていきますが，「進化」という言葉を使う意図としては「キャリアは常に上昇する」といったような「進歩」という意味ではなく，むしろ本来の進化論と同様に環境の中で生きていく生物として「常に環境に合わせて変化しながら適応せざるを得ない」という環境・変化への「適応」という意味あいで用いています。即ち価値判断としては中立であることを意図しています。本書で議論されるアイデアは大きく進化論の影響を受けており，環境・変化への「適応」は鍵となる概念となります。アメリカのサラリーマンと日本のサラリーマンでは，またそれぞれ会社が異なれば，あるいは時代が異なれば，それぞれのサラリーマンの適応の方策（行動様式）は変わってくるだろうと思っています。うまく環境に適応できなければ，その環境から脱落していくかもしれません。

　ただもちろん本来の「進化」論の意味である「遺伝する形質の変化」という意味合いは，本書の場合はありません。変化の激しい人間世界の中で，一個人がその人生の中で「変化」「適応」していく必要について，「進化論」を模しながら議論していこうという意図です。本書において進化論でいうところの「遺伝する形質の変化」は，「（クライエントのナラティブを用いて，望ましい未来から現在・過去を再構築したことによる，結果としての）意味づけや認知・行動の変化」と言い換えることができるかもしれません。本書ではこれらの考え方を「ライフ・キャリア進化論」と呼びたいと考えています。

（2）　突然変異

　進化論の概念の1つに「突然変異」があります。遺伝情報は基本的にかなり正確に伝達されますが，まれに誤って伝えられ，形質すら変わってしまうこと

があります。個人の，自らの経験や環境に対する意味づけや認知・行動も基本的には一貫性を持っていますが，何らかの啓発的経験や環境の変化，または意識や思考の変化によって，一瞬のうちに（またはじわじわと）変化していくこともあるでしょう。

　カウンセリングやガイダンス，教育はこうした変化を「クライエントにとって未来を良い方向に」起こそうとする人為的営みである，と本書では定義して考えていきたいと思います。または「クライエント自身が未来の適応に向けて変化することを支援する」と言い換えてもいいのかもしれません。

（3）　変化の頻度（適応への確率）を高める

　環境の変化に適応できていないとしたら，その環境変化への対応を考えていかないといけません。その環境変化が事前に予期できるものだとしたら，事前の準備が重要です。例えば大学卒業後に就職を想定しているとしたら，学生時代から社会人生活への準備をしておいたほうが変化の際のストレスは軽減され，早期に適応できるようになるかもしれません。同じ職種への転職に資格が有利だとしたら，あらかじめ資格を取得しておくのも効果的かもしれません。資格取得などの知識や経験の蓄積は，本人の自信になるだけでなく，本人のアイデンティティー形成にも大きな役割を担うものと思われます。

　将来の目標を決める（あらかじめ変化をイメージする）というのも大切でしょうし，変化に向けた準備をすることも大切になってきます。

（4）　周囲の環境（もしくは自分の囚われ）からの分岐／スプリット

　人間は（個人的感覚としては特に日本人は），周囲の人間との同質性に安心する場合があります。勉強しない友人に囲まれた生徒は「勉強しなくて当たり前」と思うかもしれませんし，部活で努力する友人に囲まれた生徒は「努力して当たり前」と思うかもしれません。保護者や周囲の人の仕事や生活に対する態度や行動も，当然にクライエントに影響してくるでしょう。

　必ずやらなければならないということではありませんが，時として「何が普通なのか」「それ（周囲と同じ）で良いのか」「どういう環境にいたほうがいいのか」を問う必要性がある場合も出てくるかもしれません。

第4章　未来の適応に向けたキャリア・カウンセリングの可能性と注意点〜ライフ・キャリア進化論　*37*

　周囲の環境と自分との関係を捉え直すことが（必ずしも環境を変えるとか自分を変えるという意味ではなく），「適応」を意識することには重要なことかもしれません。「外在化」は自分や問題への囚われから一端自分を解放し，人生の再構築を行うに当たって必要な行為だと感じています。

（5）　自然選択・適応／偶然の変化

　自然（環境）の側が個体を選択（淘汰）していくこともあります。例えば人間生活でいえば，突然のリストラ・倒産などもあるかもしれません。長期的には産業構造の変化，ＭＡ化，グローバル化，ネット文化の拡大などがあるかもしれません。高校から大学への進学は環境が大幅に変化するでしょうし，就職でも環境は大幅に変わるでしょう。環境が変われば，対応（行動や思考）も変化させる必要があります。ただし全ての人が環境の変化にすぐに対応できるわけではありません。これからネット社会が拡大すると思えば，コンピュータやネットに詳しくなっておくという方法もあるかもしれません。馴染んでいた会社の雰囲気が変わってしまったら，場合によっては転職したほうがいい場合もあるかもしれません。環境側の変化に敏感になることも必要だと感じています。

（6）　集団選択

　グループや地域全体が変化していくという場合もあり得るでしょう。社会構成主義を考える場合，前項同様，クライエント（個体）側の変化も重要ですが，社会（環境）側の変化にも注視する必要があります。

　例えば近年，大卒社員に対して企業側が即戦力を希望するようになった等が当てはまるかもしれません。グローバル化で，多くの産業では外国語が必要になっているかもしれません。そうするとその地域や業界によっては「学ぶべきこと」「準備すべきこと」も変わってくるかもしれません。自動車会社に入りたければ自動車が好きなほうが有利かもしれませんし，自動車の知識や経験が多いに越したことはないかもしれません。

（7）　利他行動・協力／共進化・共生

進化論では淘汰や競争が大きく取り上げられることが多いですが，自然界で

も利他行動・協力が見られることがあります。そのほうが生存確率が高くなるからということだと思います。

大きな仕事をするからにはたくさんの人の協力が必要です。そうでなくても（小さな会社であっても）営業や製造，人事・総務などの各部門が協力的であれば，より良い仕事が可能となります。

学校レベルでは学園祭や体育祭など協力が必要な行事も配置されていますが，ややもすれば学校内では個々人の成績評価が重視されがちです。しかし少なくともキャリア・カウンセラーは社会活動において協力が重要であることは忘れてはなりませんし，それをクライエントと共有する努力も必要だと感じていますし，教育に携わる場合は「協力」の必要性や重要性を伝える必要もあるでしょう。

学校教育で「協力」というと，どうも日本では恩着せがましいとか押しつけと取られがちではありますが，学園祭や体育祭，部活動など協力が必要な場面は各種考えられます。ましてや企業などの社会生活では協力は必須です。

協力の必要性を伝えていくこともキャリア・カウンセラーの正義として必要なのではないかと考えています。

（8） 間接学習

人間は直接的な学びだけでなく，人の振るまい（「他人のふりみて我がふり直せ」「他山の石」）の観察や読書・映画などの間接体験，また自らの想像力からも学ぶことができます。第5章や事例でも述べますが，1対1のカウンセリングで「クライエントの内外から資源を探す」だけでなく，職場体験やアルバイト，読書やイベント参加への勧めなど「これから資源をつくる」という方向でクライエントを支援することも可能です。詳細については第5章でまた触れたいと思います。

【第4章の参考文献】

中原英臣　2005　図解雑学　進化論　ナツメ社

長谷川眞理子　1999　進化とはなんだろうか　岩波ジュニア新書

木村資生　1988　生物進化を考える　岩波新書

第4章 未来の適応に向けたキャリア・カウンセリングの可能性と注意点～ライフ・キャリア進化論　*39*

渡部昌平　2015　「適応」の視点からキャリア支援を見直す－生物的・社会的・発達
　的側面からキャリア適応を考える－　秋田県立大学総合科学研究彙報15, pp41-44

※進化論に関する参考文献ではありませんが，「変化する社会への対応の必要性」と
　いうことで以下の書籍もご紹介しておきます。
サニー・S・ハンセン　2013　キャリア開発と統合的ライフ・プランニング　不確実
　な今を生きる6つの重要課題　福村出版
ハーミニア・イバーラ　2003　ハーバード流キャリア・チェンジ術　翔泳社
ティナ・シーリグ　2010　20歳のときに知っておきたかったこと　スタンフォード大
　学集中講義　阪急コミュニケーションズ
シーナ・アイエンガー　2010　選択の科学　文藝春秋

第5章　１対１のカウンセリングからの拡張

（1）　カウンセリングは１対１でなければいけないのか

　実際，グループカウンセリング（あるいはグループキャリア・カウンセリング）という概念はありますし，海外にはそのための書籍もあります。

　もちろんナラティブ／社会構成主義（キャリア・）カウンセリングを集団実施するデメリットとしてはカウンセラーが個人個人の情報を（非言語情報を含めて）把握するのが困難という面もありますが，メリットとしては時間等が効率化する点や集団の効果が使える点（促進される場合も抑制される場合もあります）が挙げられます。例えば目標をグループで発表させると，メンバーの目標に対して「すごいなあ。自分も頑張りたいなあ」と思う場合もありますし，メンバーに目標をバカにされて「この目標は目指すまい」「もう誰にも言うまい」と思うかもしれません。

　集団実施は（仮にたとえ専門のカウンセラーが実施するものでなくとも）十分に可能だと思っていますが，集団の効果を把握・コントロールすることが重要になるように思います。クライエントによってはカウンセラーの働きかけでは変化が見られなかったものが，グループメンバーの働きかけで変化する場合もあり得ます。クライエントが相談室に来ない場合もあり得ます。教育場面しかり企業場面しかり，１対１にこだわらずに「何ができるか」を考えることは大切なことだと考えています。

（2）　カウンセリングでなければいけないのか／心理学でなければいけないのか〜カウンセリングとガイダンス・教育の共通点と相違点

　カウンセリングにせよガイダンスにせよ教育にせよ，学習者（クライエント）の生物的・心理的・社会的適応を目指すということには変わりがありません。その際に学習者（クライエント）の中にある資源を用いる場合もありますし，外（周囲）にある資源を用いることもあるでしょう。

カウンセリングとガイダンス・教育の大きな違いは、「資源がなければ，資源を作り出す」「その場で終わらず，教育・訓練・情報提供を継続する」という点ではないかと思っています。ただ近年のカウンセリングでは宿題（課題）を出す場合も多く，その違いはかなり近づいているように思います。

　サビカスはクライエントがカウンセリングでは企画体（project）として扱われ，ガイダンスでは客体（object）として扱われ，教育では主体（subject）として扱われると整理しています（サビカス，2015）。言い換えれば，クライエントはカウンセリングでは「決める人」，ガイダンスでは「情報を受け取る人」，教育では「知識や経験を積む人」という感じでしょうか。どういうチャネルを使ってクライエントの成長を支援するか，の参考にはなると思います。

　こうした違いを意識しながら，クライエントにとって「適応的な人生」を送るために支援することはそれぞれの立場から重要なことだと思っています。ややもすれば「わざわざ相談には行かない／行きたくない」というクライエントも多い中，どうやってガイダンスや教育の中で，「自分にとって適応的な未来」を考え構築していくかを伝えることも重要なことだと思っています。これは教育機関に限らず，企業などの組織においても同じことだと思います。

　なおご参考までに教師と児童・生徒のための解決指向型学級運営の支援として，黒沢（2012）のブリーフセラピー・ワークシートやケリー，リッシ，ミラー＆シルツ（2013）のWOWW（Working on What Works）プログラムという考え方もあります。興味のある方は参考文献をご参照ください。

※教育分野における（社会）構成主義から学ぶ方法もあると思います。「構成主義的な学びのデザイン」（青山ライフ出版）などの書籍があります。これらはまた新しい視点を皆さんに提供するものと思います。

※コーチングの書籍も興味深いものがあります。「失敗しないとわかっていたら，どんなことをしてみたい？」（ダイヤモンド社）など，そのまま解決志向アプローチのミラクルクエスチョンに聞こえませんか？

（3）　伝えること・教えること

　社会構成主義の考え方を援用すれば，「業種・職種・企業が選べない学生」にはこれまでの生活での「やりたいこと」や「頑張ったこと」「楽しかったこ

と」「感動したこと」「ありがたいと感じたサービス」等を思い出してもらって，業種・職種・企業に関連しそうな「やりたいこと」の資源を掘り起こしていけば良いことになります。また「社会に出たくない学生」に対しては，「社会のいいところ」「社会に出るメリット（社会に出ないデメリット）」「他者との関係」など本人の中の「社会に出たくなる」資源を掘り起こしていけばいいことになります。同様に「勉強したくない学生」に対しては「勉強のメリット（勉強しないデメリット）」「勉強の楽しさ」「勉強のすごさ」など本人の中の「勉強したくなる」資源を掘り起こしていくことになります。

　もしクライエント本人の中に資源が見いだせないとしたら，ガイダンスとして，企業人の講演や周囲の人間やカウンセラー自身の話（間接体験）を活用する場合も出てくるかもしれません。また教育的関わりとして，体験を提供する（もしくは課題とする）ことで，彼／彼女の中に新しい資源を形成してもらうことも可能かもしれません。

　職場体験（インターンシップ）は，仕事を知るだけでなく，仕事に対する自分自身の興味や価値観を知る上でも貴重な経験ですが，単なるイベントとして参加してしまうとそれらの理解が進まないこともあり得ます。事前・事後の研修・指導で「その仕事が好きか嫌いか，それはなぜか」「その仕事をやりたいか，それはなぜか」「その仕事ができたか，どうすればできるか」「その職場体験でどんな成長ができたか，足りなかったことは何か」「その職場体験の，自分にとっての意味は何か」というようなことを自分のこととして考えることが必要になってきます。

　もちろんそれは職場体験に限りません。教科学習でもクラス活動でも，また部活やサークル，お稽古ごとでも「それが自分にとってどういう意味があるのか」「どういう場面や役割，立場が好きなのか」「どんな成長ができるか／できたか」を意識することで「自分にとって大切な場面，役割・立場」が分かってきます。またグループ体験・役割体験が少ないようであれば，そういう体験を実際に体験させてあげるということも必要になってくるかもしれません。

　カウンセラー・教育者は，1対1のカウンセリングだけでなく，ガイダンスや教育等も通じて，そうした児童・生徒・学生（クライエント）の人生観の形成（過去・現在と未来をどうつなぐか）を支援することが求められているよう

に思います。カウンセリングの場面ではクライエントの日常をクライエント自身のナラティブで把握するしかありませんが，例えば教育場面や企業場面ではクライエント自身の日常が目に耳に入ってきます。クライエント自身が気づいていない「いい点」，語られない資源を意識して把握することも可能かもしれません。

（4）　伝えること・教えることの課題

　人は自分にとって意味のあるものには興味を持ち，学びます。テレビやゲーム，読書が好きな子どもは，好きなことだったら何時間でも楽しく過ごしています。一方で嫌いなこと，面倒なこと，つらいことは避けます。これは当たり前のことです。

　しかし嫌いなこと，面倒なこと，つらいことであっても「自分にとって意味がある」と考えれば取り組むようになります。野球が上手くなりたい・強くなりたいと思えば，嫌いな練習やランニングにも意味を見いだして積極的に活動するようになるかもしれません。医師になるために医学部に入りたいと思えば，嫌いな数学や理科も勉強するかもしれませんし，塾に通うようになるかもしれません。また数学の教え方が上手い先生について，「数学が面白い」と思えばその瞬間から数学を学びたいと思うようになるかもしれませんし，物理学で引力の法則が分かって「物理学で世の中の法則が分かるのだ」と気づくと物理学の勉強を始めるかもしれません。

　未来の目標が明確になれば，現在の人生にも意味や張り合いが出来，生活も充実するかもしれません。一方で夢破れたときは「今までの人生は何だったのか」と落ち込むこともあるでしょう。

　カウンセリングにせよガイダンス・教育にせよ，クライエントに適応的な未来を構築する力をつけることを支援すること，クライエントの「自分にとって必要なもの」「その行動の意味（授業やガイダンスを受ける意味）」を明確化することは大切なことだと考えています。

【第5章の参考文献】
　K.Richard Pyle & Seth C.W.Hayden　2015　Group Career Counseling（2 ed）NCDA

黒沢幸子編著　2012　ワークシートでブリーフセラピー　学校ですぐ使える解決志向＆外在化の発想と技法　ほんの森出版

ミカエル・S・ケリー　ミッチェル・リッシオ　ロビン・ブルーストーン・ミラー　リー・シルツ　2013　教師と児童生徒のための解決志向型学級運営　シンシア・フランクリンら（編）解決志向ブリーフセラピーハンドブック　金剛出版

ジョン・C・マクスウェル　2014　失敗しないと分かっていたら，どんなことをしてみたい？　ダイヤモンド社

マーク・L・サビカス　2015　サビカス　キャリア・カウンセリング理論　〈自己構成〉によるライフデザインアプローチ　福村出版

※以下の書籍は必ずしも全てが社会構成主義に基づいているとは言えませんが，教育の観点からは参考になるように思います。

タル・ベン・シャハー　2010　ハーバードの人生を変える授業　大和書房

G．W．ギャニオン，M．コレイ　2015　構成主義的な学びのデザイン　青山ライフ出版

マーシャ・ロシター　M・キャロリン・クラーク編　2012　成人のナラティヴ学習　人生の可能性を開くアプローチ　福村出版

エリザベス＝バークレイ　パトリシア＝クロス　クレア＝メジャー　2009　協同学習の技法　大学教育の手引　ナカニシヤ出版

島宗理　2004　インストラクショナルデザイン　教師のためのルールブック　産業図書

稲垣忠・鈴木克明編著　2011　授業設計マニュアル　教師のためのインストラクショナルデザイン　北大路書房

カワン・スタント　2010　感動教育　講談社

■対面でなければできないのか

　Bさんの相談はメール相談でした。以前から知っている学生でしたが，異なるキャンパスにいるため，本人とも相談の上，メール相談を実施することとしました。いわゆる非言語情報がほぼ全く入って来ないため，相談は簡単ではありませんでした。正直に言えば，文章のみでの「手探り」作業でした。

　ただキャリア・ストーリー・インタビューなどの「構造的なインタビュー」形式を用いていたことによって，Bさんはうまい具合に人生観・価値観を語ってくれていました。単なる傾聴ではなかなか難しかったかもしれません。あるメール相談の研究では「メール相談はつなぎ機能」としたものもありましたが，構造的なインタビューを用いることで，ピンポイントで人生観・価値観が出やすいと感じています。

　ただ全ての質問にオンタイムで答えてもらえる訳ではないので，少々多めのやりとりや時差が発生したり，さらに人生観や価値観を明確化するためにワークを多めにやったり，ということには気を遣いました。

　Bさんからはメール相談について

・メール相談の良さは相談のしやすさ。自分のペースでじっくり考えがまとめられ，多少恥ずかしい内容でも表現できたことで，口頭で伝えるよりも素直に答えることができた。

・もらったアドバイスが書面として残るので，いつでも確認できることもいい。自己分析として活用できるし，面接後のフィードバックにも使用した。

・メール相談は，考えを伝えやすい反面，心に響きにくいところがある。自分はこのメール相談で十分効果を発揮できたが，直接会話して変わるという人もいると思う。

との感想をもらいました（※内容が変わらない範囲で改変）。

　この相談では実質的に往復4回のメールのやりとりをしていますが，「対面でなくともできる」ことの証明になったのではないかと思います。同様に，メールでなくとも手紙や電話でも（一定の制限がありますが）実施できないことはないと考えています。

　渡部昌平　2016　社会構成主義キャリア・カウンセリング技法を用いた学生に対するメール相談　産業カウンセリング研究，17（1），pp45-54

第6章 「未来への適応」に向けた意味づけを探す
（ライフ・キャリアの構築）

（1） 構造的な質問＝質的アセスメントの活用

　クライエントにとってどういう状態が（生物的・心理的・社会的に）適応的か，ということを把握・理解する必要があります。

　この際に用いられるのが，各種アセスメントです。従来からの手法としては職業興味検査，職業適性検査などの技法があるでしょうし，近年本邦にも紹介され始めた技法として質的アセスメントがあります（キャリア・カウンセリング分野では質的キャリア・アセスメントとも呼ばれます）。

　下村（2013）は「キャリアガイダンス，キャリア・コンサルティング，キャリアカウンセリングにとっては自明とも言えるこの量的アセスメントが，時に，成人のキャリア支援の様々な可能性を制限し，限定されたイメージを人々に与えてきたと指摘する論者は多い。（中略）質的なアセスメントはこうした素朴なマッチングアプローチに対するオルタナティブな選択肢として登場していた考え方である。（中略）これらはいずれも簡単には答えが出ない。簡単に診断が下せないからこそ，クライエント自身に積極的・自主的に答えを探すことが求められる」としています。質的アセスメントを用いることで，カウンセリングにおけるクライエント自身の能動的参加が促進されることになると考えています。

　第2章に採り上げたサビカスの「キャリア・ストーリー・インタビュー（キャリア構築理論）」，コクランの「ナラティブ・アプローチ」，ピーヴィの「ソシオダイナミック・カウンセリング」，ガイスバーズの「ライフ・ロール・アセスメント」なども，それぞれ質的アセスメントの1つのまとまりです。

　これら質的アセスメントの活用により，クライエントの人生観や興味・関心など「あって欲しい未来」が明確化されていきます。当然，その中で（もしくは並行して）クライエントの社会的に置かれた状況であるとか，クライエント

の知識や経験，能力といったことも整理されていくことになります。それら情報を用いて，クライエントと共に「あって欲しい未来（＝生物的・心理的・社会的に可能な限り適応的な未来）」の構築を進め，構築のための行動を支援していくのがナラティブ／社会構成主義キャリア・カウンセリングになります。

　質的アセスメントは「クライエントの現在の問題を評価・査定する」ためのものではありません。従来の職業興味検査や職業適性検査はそもそも「クライエントの現状を評価・査定して，マッチングにつなげる」ためのものとして作られていますが，質的アセスメントは（詳しく説明すると過去や現在を把握するものもありますが）目的として「クライエントが未来に向けて持ち続けたい資源（＝興味・関心や価値観，居心地のよい人間関係や能力等）を評価・査定していくもの」です。このため，現在の問題に焦点を当てるというよりも，クライエント自身がポジティブに考えやすい部分（＝望ましい未来／興味・関心や価値観，居心地のよい人間関係や能力等）に焦点を当てることとなり，そのことがその後のカウンセリングが効果的・効率的に進んでいかせるようになっていると思われます。

　質的アセスメントの使い方には以下の基準があります（McMahon & Patton, 2006を筆者が一部修正）。

・支援者の立場でクライエントとの協働・支援を行うこと
・クライエントに「言葉にしてもらう」こと，支援者や関係者も「言葉にする」こと
・クライエントがプロセスを「自分のこと」（Individualize）とすること
・過去・現在・未来のストーリーをつなげること
・クライエントを質的アセスメントに合わせるのではなく，質的アセスメントをクライエントに合わせること
・クライエントのフィードバックを聞くこと
・前向き・創造的であること

　上記のようなことを意識しながら実践していただくことをお勧めします。まずは自分自身のナラティブから体験してみてください。

第6章 「未来への適応」に向けた意味づけを探す（ライフ・キャリアの構築） *49*

（2） STF（System Theory Framework）という考え方

マクマホンとパットンはSTF（System Theory Framework）という概念を発表しています。これは

①学校を卒業する頃を振り返る。どこに住んだか，どんな人物か，どんな生活か。その頃，人生に大きな影響を与えたことを思い描く。

②紙と鉛筆を用意する。紙の真ん中に丸を書きその中に「私」と書き，今振り返った自分の特徴，例えば性格，特筆すべき能力やスキルを書く。

③その頃の自分の人生に大きな影響を与えた人や考えはどのようなものか，思い描いたものを「私」の丸と交わる丸を書き，その中に書き入れる。

④それまでに書いた丸を囲む，もっと大きな丸を書く。所属していた社会やその社会や環境における重要な側面はどのようなものかを振り返る。その頃田舎に住んでいたか，社会的，経済的に恵まれていたか，政府の規制から影響を受けていた等を，丸の中に書き込む。

⑤更に外側に別の丸を書く。その頃の過去や現在を考える。特定のライフスタイルに魅かれていたり，目標とする人がいたり，その後の選択に影響を与えるような怪我や病気といった出来事があったか等を考え，丸の中に記入する。

というスタイルを取り（McMahon & Patton, 2006），サビカスやコクランの技法が個人内の人生観や興味・価値観を中心に考えていたのに比べると，周囲からの影響も含めてより包括的に（より社会構成主義的に）ライフ・テーマを検討するものになっています。

環境（社会的背景）からの影響にどこまで配慮するかは個々のカウンセラーにより異なると思いますが，カウンセラー自らの脱構築・再構築のためにはまずカウンセラー自身が社会構成主義的にじっくりと自己分析を行い，自分自身の「あって欲しい未来」を再構築することが大切だと考えています。

（3） オリジナルワークを作る：地域・学校／組織・個人ごとの課題に合わせたワークを考える

ガイスバーズは質的アセスメントの紹介の中で，チェックリストとして「必要に応じてカウンセラーが作るツールもある。例えばカウンセラーが価値観のリストを作り，学生に上位及び下位の5つを選ばせる。これが議論の基礎とな

る。興味，スキル，趣味，キャリアに関する信条，キャリアに関する心配，対処方法，専攻などもチェックリストとなり得る。チェックリストの目的は信頼性ではなく，クライエントとカウンセラーに議論のための出発点を供給することである」（Gysbers, 2006）としています。

例えば大学2年目になると（もしくは大学1年も後期になると）よくも悪くも大学生活に慣れ，大学に入った当初の目的を忘れ，勉強に集中できない学生が出てくるかもしれません。そういう時に「なぜ大学を目指したのか」「大学に入って何がしたかったのか」「入学からこれまで何をしたか」というワークシートやインタビューを活用するという方法があるかもしれません。

就活初期に自己ＰＲが出来ない学生が多いようであれば，「頑張ったこと」だけでなく「楽しかったこと」「面白かったこと」や「つらさに耐えたこと」「失敗を乗り越えたこと」「失敗から学んだこと」などを具体的に書かせていく方法もあるかもしれません。

それぞれの対象・課題に合わせて，具体的にイメージできる・書き出せるワーク（シート）を作ることによって，そのクライエントからポジティブな資源を引き出すことが可能となると考えています。

（4） オリジナルワークシートの例

オリジナルワークは，ガイスバーズのいうようなチェックリストに限らないと考えています。具体的には，解決志向アプローチなどの考え方も利用可能です。

Ａ大学では「コミュニケーションに自信がない」という学生が多く存在しました。その結果，ごく親しい友人とは会話するものの，あまり友人関係が増えず，大学全体が静かな印象になっていました。

教養科目「コミュニケーション入門」の授業で，「コミュニケーションがうまくいった『例外』の場面」「いまのコミュニケーションの自信度（10段階でいくつか）」「自信度を1上げるために何ができるか」「コミュニケーションの自信が上がったら，どうなっているか」等の項目を持つワークシートを実施しました。結果，このワークシートを実施した回のアンケートでは授業前は自己評価で10段階中平均4程度だった自信が，授業後は5程度までアップしました。

第6章 「未来への適応」に向けた意味づけを探す（ライフ・キャリアの構築） *51*

「コミュニケーションが苦手だ」とは言っても，家族や親しい友人とはコミュニケーションをしている学生がほとんどですし，幼稚園くらいの小さい頃には苦手意識を持っていなかった学生も多いようです。中学・高校・大学と周囲を意識するようになってから，苦手意識を感じることが多くなったようです。またコミュニケーションが得意か苦手かを白か黒かで判断しがちな学生に，スケーリングを用いることで，自分の苦手度が客観視できるようになり「ではこれからどうするか」を考えやすくなるようです。また得意な場面や苦手な場面を具体的に整理することで，具体的な対応策を考えやすくなります。

実際にコミュニケーション力を上げるためにはこうした短期的なカウンセリング的技法だけではなく長期的な実践練習も組み合わせて進めていく必要がありますが，クライエントの自己理解や自己評価を再構築するのには良い方法だと考えています。

この章の終わりにオリジナルワークシートの例を4種類（4ページ分）掲載しておきますので，皆さんがオリジナルワークシートを作成する際の参考としてください。図9はコミュニケーションが苦手な学生が多いことをイメージしたワークシート，図10は自信がない学生が多いことをイメージしたワークシート，図11は将来不安が強い学生が多いことをイメージしたワークシート，図12は「大人になる」「社会人になる」ことが想像できていない学生が多いことをイメージしたワークシートになります。

（5） 構造的なインタビューでなければいけないのか

構造的なインタビューやワークシートを用いる社会構成主義カウンセリングの実践家は多いですが，本章（2）のSTFや第2章（6）のナラティブ・アプローチで用いるライフラインやソシオダイナミック・カウンセリングのマッピングのように，図示を行うものもあります。また職業カードソートなどのようにツールを用いるものもあります。最近ではスゴロク形式でグループで過去を振り返る「金の糸」などのツールも発売されています。

また例えばストレスによる負担の重さを「両肩の上に重たい石が載ったような」と比喩を使って体感的に表現させるもの（クリーンランゲージなど）もあります。同様に，フォーカシングやドリームボディなどのイメージを用いる方

法もあり得るでしょうし，描画やコラージュ，イラストのついたカードを使っている方もおられるようです。海外では，夢や瞑想，はたまたSCT（文章完成法）などを用いる実践家もいるようです。

　もちろんインタビュー形式だとしても必ずしも構造的な（固定的な）質問に限る必要はないと考えています。通常のキャリア・カウンセリングでも実施されていると思いますが，「中学校の頃は何に熱中した？」「何が好き？」といった普通の質問もクライエントの資源探し足り得ます。構造的なインタビューはあくまでナラティブ／社会構成主義キャリア・カウンセリングの入口であって，その全てではないと考えています。

（6）　倫理的問題／誰のためのカウンセリングか

　クライエントにとってどの方向に進むのが正しいのか。個人的には仮の正解は「クライエントが正しいと思う道」だと思っています。ただそれが「カウンセラーにとっては正しいと思えない道」であれば，カウンセラーは業務の範囲内で反論する必要があるのだろうと思っています。即ち，最終的には「クライエントとカウンセラーの共同作業の中で，クライエントが納得した道」が進むべき方向になるのだろうと考えています。そうした中で重要となってくるのはカウンセラーの思考（価値観）であり，態度・行動だと考えています。

　第8章で再度問題提起をしますが，「クライエントにとって何が良いキャリア・カウンセリングなのか」「カウンセラーはどうあるべきなのか」，カウンセラー側の価値観の脱構築・再構築が求められると考えています。

【第6章の参考文献】
下村英雄　2013　成人キャリア発達とキャリアガイダンス　成人キャリア・コンサルティングの理論的・実践的・政策的基盤　労働政策研究・研修機構
McMahon, M. & Patton, W. 2006　CAREER COUNSELLING – Constructivist Approaches, Routledge
渡部昌平　2015　「質的キャリア・アセスメントとその応用」　渡部昌平編　社会構成主義キャリア・カウンセリングの理論と実践　福村出版
新目真紀　2015　「社会構成主義アプローチの実際」　渡部昌平編　社会構成主義キャ

リア・カウンセリングの理論と実践　福村出版

Gysbers, N.C.　2006　Using qualitative assessments in career counseling with adults, Int J Educ Vocat Guid 6.99.95-108

コミュニケーションが苦手？

1　（ある程度）コミュニケーションができたと思える「例外」（時期、相手、
　場所、状況）は？

2　（1を踏まえて）これまでコミュニケーションしていなくてもいいので、
　今でもコミュニケーションできそうな状況（時期、相手、場面）は？

3　「人見知り」「コミュ障」の度合いについて、全くコミュニケーションできない
　（1）〜すごくコミュニケーションできる（10）の10段階として、今は第何段階？
　社会人になるまでに第何段階まで成長できれば、一安心？

4　（3の段階について）段階を1だけ上げるためには何をすればいい？

5　（3の一安心できる段階について）具体的にはどんなこと（相手、場所、
　状況）ができれば達成できたと感じる？

6　もし（3、4、5のような）コミュニケーションができるようになったら、
　あなたはどうなっている？

図9　コミュニケーション力をつける

第6章 「未来への適応」に向けた意味づけを探す（ライフ・キャリアの構築）　55

「〇〇に自信がない」あなたへ

1　自信を持てていた「例外」（幼小中高、勉強以外、趣味など）は？

2　（1を踏まえて）今でも自信を持てそうな自分の資源（知識・スキル、努力、経験、親や友人の支えなど）は？

3　自信の度合いについて、全くない（1）〜すごくある（10）の10段階として、今は第何段階？
　　社会人になるまでに第何段階まで成長できれば、一安心？

4　（3の段階について）段階を1だけ上げるためには何をすればいい？

5　（3の一安心できる段階について）具体的にはどんなことができていれば達成できたと感じる？

6　もし自分に自信が持てたら、あなたはどうなっている？

図10　自信をつける

「将来が不安」というあなたへ

1　将来不安を乗り越えた「例外」（小→中、中→高、高→大、転校など）は？

2　（1を踏まえて）今でも将来不安を克服できそうな自分の資源（知識・スキル、努力、経験、親や友人の支えなど）は？

3　将来不安の度合いについて、すごく不安（1）〜全く不安でない（10）の10段階として、今は第何段階？
　　社会人になるまでに第何段階まで成長できれば、一安心？

4　（3の段階について）段階を1だけ上げるためには何をすればいい？

5　（3の一安心できる段階について）具体的にはどんなことができていれば達成できたと感じる？

6　もし将来不安がなくなったら、あなたはどうなっている？

図11　不安を乗り越える

大人になる・社会人になる

1 「大人」とは？

（1）「子ども」との対比では？（もしくは「大人」はどうあって欲しい？）

（2）子の親としての「大人」は何をする必要？

（3）現役世代（高齢者や子ども世代を支える層）としてやるべきことは？
　　　伝え・残していくべきことは？

2 「社会人」とは？

（1）「社会人」とはどんな人？

（2）社会人はどうあって欲しい？

（3）社会に出るのにはどんな知識や経験、能力があるといい？

（4）あなたはこれからの社会がどんな社会になって欲しい？

図12　大人になる

■理論にクライエントを合わせるのではない

　第6章（1）で述べたとおり，「クライエントを質的アセスメントに合わせるのではなく，質的アセスメントをクライエントに合わせること」「クライエントのフィードバックを聞くこと」は重要だと考えています。「"問題行動の意味"にこだわるより"解決志向"で行こう」（ほんの森出版）では『「理論」を信じてはいけない』と大胆に書いていますが，この文面には共感しています。

　実は学生と相談をして終結したときに，こちら側は「え，これで納得したの？これで終わりでいいの？」という場面がない訳ではありません。例えばCさんの事例では，正直に言えば私は（クライエントには言いませんでしたが）自動車会社以外の選択肢にも目を向けさせたいと思っていました。しかしクライエントの理解度・納得度が10段階で9とか10であれば，それはカウンセラー側がとやかく言う話ではありません。また自律的にクライエントが相談に来たくなったら来ればいいだけの話です。たぶん多くのクライエントは既に1人で自分の未来を選択できるようになっています。

　質的アセスメントは「クライエントにとって適応的な未来」を探すため，「適応的な未来を作るのに使える資源」を探すために使うものであって，クライエントをカウンセラーの理解できる一定の枠に当てはめるためのものではありません。また原因と結果の因果律をカウンセラーが理解できようとできまいと，クライエントの中では問題は解決していくことがあります。因果論にこだわらずとも問題は解決していく場合があるのです。逆に因果論にこだわっても問題が解決しない場合も多くあるように思います。

　カウンセラーは自分だけが問題解決の方法を知っている専門家だとは思わずに，素直にクライエントに対して問題解決の方法を聞く真摯な姿勢が必要だと考えています。図らずも前出の「"問題行動の意味"にこだわるより"解決志向"で行こう」で森先生は『クライエントに「どうなればいいの？」って聞けばいいんです。ところがどっこい，こういうふうに聞くカウンセラーや心理療法家って，意外と少ないんです！』と高らかに謳っています。

　もちろんカウンセラーのほうから「こういう方法はどう？」のようにオルタナティブな提案ができる柔軟さや経験の豊かさは重要であるかもしれません。しかし決めるのはあくまでクライエントなのです。

第7章　ナラティブ／社会構成主義キャリア・
　カウンセリングを実践する

（1）　はじめに

　本章では，初めて就職相談部門や人事・研修部門に異動した方，資格は持っているが初めて就職相談をする方，既に実際に就職相談を行っているがこれでいいのか自信がない方などを対象に，ナラティブ／社会構成主義キャリア・カウンセリングを実施する上で私が何に気を付けているか，どういう質問や言葉かけを用いているかをご紹介しようと思います。「はじめに」でも書きましたが，私は積極的に「構造的な質問」（質的アセスメント）を用いますが，かなりラディカルと言いましょうか，学生の個性を見ながらいろいろな質問を混ぜながら使っていますので，少々分かりにくいかもしれません。

　なお実践といってもキャリア・カウンセリング（就職相談，進路相談，人生相談など）の他に，臨床心理学分野，教育分野，介護・福祉分野，産業・企業分野などいろいろな分野があると思います。社会構成主義はどんな分野でも応用可能と思いますが，以下では私が現場感覚を持っている（多少なりとも説明ができる）学生に対する就職相談分野とガイダンス・教育の分野に限ってどのように実践しているかをご説明したいと思います。そうは言っても臨床心理学分野の解決志向アプローチがキャリア・カウンセリング分野や教育分野でも有効に活用できるように，他分野の実践家の方にも参考になる部分はあるのではないかと考えています。

　クライエントに対する態度ですが，キャリア・カウンセリングに限らないことかもしれませんが，「その人は何らかの解決方法を見つける力を持っている」あるいは「その人は将来に向けて，今より自分に適応した未来を構築することができる」と信じることが大切なように思います（ただ例外的にそうではない場合もあることは認めても良いかもしれません）。カウンセリングに対する態度としては，クライエントの資源を一緒に探しだし，クライエントにとって適

応的な未来を一緒に作り上げていく，カウンセリングはクライエントのために
ある，というイメージを持つことだと思います。また「結論は複数ある」と言
いましょうか，結論を最初から1つに決めておかないことが（クライエントに
とってもカウンセラー自身にとっても）重要だと思います。いくつかの選択肢
がある中で，クライエントとカウンセラーの関係の中で方向性が定まってくる，
と意識するといいように思います。相談をしていると自然と「このクライエン
トさん，こういうところがすごいなあ／面白いなあ」と思う機会があります。
それぞれのクライエントをそう感じられるようになる，クライエントのいいと
ころを見つける練習をしている，そういう感覚で取り組まれると良いのではな
いかと思います。

　スーパービジョンや上司・同僚のアドバイスも助けになると思います。もし
部下や同僚にアドバイスするとするならば，①いい点は勇気づける②疑問点は
質問する③改善すべきと思われる点は「ここはこういうふうにしたらもっとよ
くなるのではないか」と前向きにアドバイスする，ということになるかと思い
ます。③をもう少し具体的に考えると，「こういう意図を持って，こういう質
問の仕方もあるのではないか」とか「クライエントが繰り返し述べるテーマに
〇〇があるように思うが，これを取り上げてみてはどうか」というものが出て
くるかもしれません。要はそのカウンセリングの「ダメ出し」をしても過去は
変わらないのです。未来の次のカウンセリングに向けて，「よりよいカウンセ
リングになるには（ここは良かった，ここの部分はこういう方法もある）」と
いうことを建設的に話し合えると良いのではないか，と思っています。

（2）　就職相談の場面

　就職相談などの場合，臨床心理学あるいは医療分野のカウンセリングと異な
り，明確な「契約」というものが見えない場合が多いと思います。多くの場合，
突然に（飛び込みで）学生などのクライエントが来ます。まず最初に「今日は
どうしましたか」「今日は何の相談ですか」とクライエントの来談の意図を確
認することになります（サビカスがいうところの「私はあなたのために何がで
きますか」というような部分です）。これがいわば契約のような機能を果たす
（カウンセラーの役割，クライエントの目標が決まる）と考えています。学校

第 7 章　ナラティブ／社会構成主義キャリア・カウンセリングを実践する　　*61*

や企業によっては全員に呼び出しをかけて面談をする場合があるかもしれませんが，その面談には何らかの意図（例えば就職活動をするか進学するかの確認や，期首の目標の確認など）があるのだと思います。そういう場合は「今日は○○のための面談のためにお越しいただきましたが，何か考えておられること・感じておられることはありますか」というような始まりになるかもしれません。就職相談ではあまり想定されませんが，場合によっては「カウンセラーがやること・できることはここまでで，ここから先はクライエントであるあなたがやることです（もしくはそこから先は別の機関に行くべきです，など）」とカウンセラーの役割・クライエントの役割を明示する場合も出てくるかもしれませんが（例えば他の専門家をオファーする場合など），幸か不幸か私の今までの就職相談ではそうなったことはありませんでした。

　さて，例えば「どんな業種や職種を受けたらいいかわからない」という相談だったとします（呼び出し面談で，こちらから「どこを受けたいの？」と聞いて，「分からない」と答えた場合も同様になります）。大学生であることを想定して議論を進めますが，例えば「大学時代頑張ったこと」「熱心に取り組んだこと」「印象に残っていること」のようなことを聞いていきます。あまり出てこないようであれば「サークルは？」「部活は？」「面白かった授業は？」「友達と旅行に行ったりした？」などと例示を出して聞いていきます。もし22ページのＣさんのように「みんなで協力してつくりあげたのが楽しかった」というような印象的なストーリーが出てきたら，「そういう『みんなで協力してつくりあげたのが楽しかった』というエピソードは，他にもない？」という形で掘り下げていきます。Ｃさんの場合は高校時代，中学時代をさかのぼっていく中で「そういえば」と思いだしてくれました。私はあまり構造的に（順番に沿って）質問するタイプではありませんが，LCA（第２章（7）参照）のスタイルで「今までの役割分担で好きだったこととかある？　例えば部活ではリーダーだったとか，友達の中では話を聞くタイプだったとか」とか「好きな教科は何だった？」という質問を聞くことが多いように思います。「大学時代頑張ったこと」があまり出てこない場合や専門と異なる分野での就職を考えている場合は，まず簡易的な職業カードソート技法（図13）を使って方向性をある程度明確にするということも多くあります。方向性があまり明確にならないよう

であれば，さらに20thing（図14：やりたいことを書き出す）などの質的アセスメントを実施することもあります。

　注意点というほどではありませんが，クライエントの軸やテーマは1つとして同じ形では出てきません。ある学生は業種や職種のような分かりやすい形で出てくるかもしれませんが，ある学生は「ドキドキワクワクする仕事がしたい」と言うかもしれません。またある学生は「人の役に立ちたい」と言うかもしれません。どういう形で出てくるかは分かりませんが，繰り返し語られるところにクライエントが強調したいことが出やすいのではないかと考えています。例えば「人の役に立ちたい」というキーワードが出てきた場合，私であれば「どんなふうに人の役に立ちたい？　どんなふうに人の役に立ったら，楽しいと思う？」「これまでどんな風に人の役に立って，自分自身も楽しかった？」というような質問をすると思います。「人の役に立つ仕事って，どんなものがあると思う？」という質問でもいいかもしれません。あまり深まらないようであれば「私は○○や××のような仕事は『人の役に立つ仕事』のようにも思うけど，他にも△△も『人の役に立つ』ように思うけど，あなたはどう？」というようにカウンセラーから選択肢を提供する場合もあるかもしれません。

　方向性がある程度明確になれば（クライエントがある程度納得できれば）相談は1回で終わる場合も多いですし，まだ明確でないようであれば「就活サイトで気になる会社を見ながら『人の役に立っている』と思える会社を5社程度ピックアップしてくる」「その会社をなぜ選んだか理由を考える」というような宿題を出して，第2回目の面談のアポを入れるという場合もあります。第2回目では考えてきた理由について振り返ってみたり，その理由と同様のことを考え選択した大学・高校・中学等のイベントはなかったかを聞いてみたり，サビカスなどの質問技法を用いたりして，方向性を深めていきます。

　実は志望動機や自己PRを書く支援をしているときも，ほぼ同様のことをしています。要は学生自身が重要だと思っているライフ・テーマ（例えば「人の役に立ちたい」「だから学園祭では裏方の大道具として泊りがけで○○を作った」などの複数のエピソード）を掘り起こして，それをその企業に対する気持ちと合わせて一緒に短い文章を作っていくのです。最終的に所定の字数に合わせた正式の文章にするのは，基本的に学生自身に任せています（もちろんその

文章を添削することがない訳ではありません)。

　カウンセリングの最後には，学生に「今回の相談はどうだったか」「どのくらい自分を整理できたか」ということを聞きます（スケーリングを用いることもあります)。相談後の評価が高ければそのまま1回で終わる場合も多いですし，評価があまり高まっていないようであれば時間があれば「どこは整理できたと思うか」「どこがあまり整理できていないと思うか」と相談を継続したり，2回目に続けていくことを提案したりします。実際には，相談が1回で終わる学生は少なくありません（7，8割くらいがそうだと思います)。私は就職相談担当というより教養科目のキャリア教育担当という役割で，相談のほうは実人数で年間20人程度，延べ相談件数で100件程度ですが，特定の数人の相談が数回～数十回になっており，多くの学生は1回で終わります。実際に学生は相談した後に悩んで志望を替えたり，志望に落ちて別の会社を受けざるを得なかったりしますが，自分の価値観や気持ちに気づけるようになれば自分自身で選択できるようになりますので，一般的には新たな相談に来ることは少ないように思います。卒業式にお礼に来てくれる学生もいない訳ではありませんが，私はゼミを持たない教員ですので，就職できたというお礼のあいさつを私に言いに来る学生は全相談の数％といったところでしょうか（年に1人2人です)。ほとんどの相談は1回で終了しますし，学生本人が自分自身で自分の気持ちに気づけたのだから（私は一緒に探すお手伝いをちょっとしただけですから）これは当然のことだと思います。

（3）　メモ・記録

　私はキャリア・カウンセリングの間，走り書き程度ですがメモを取っています。そこには「高校時代の部活－みんなで頑張ったことが楽しかった」など，クライエントから出てきたエピソードや価値観を書いていきます。重要そうなもの，繰り返し出てきたテーマには下線を引いたり○で囲んだり，同様のテーマを線でつないだりして強調します。また2回目のカウンセリングが想定される場合は，次回の日時や次回までの宿題を書き込んだりもします。そしてそのメモをカウンセリング終了後にクライエントに渡しています。

　実はこうした手法を取り出したのは，自分の記憶力に自信がなくなってきた

からです。1度書いておくと，後で相談記録を書くときも思い出しやすい。でもそのメモをそのままもらってしまったらクライエントに悪い気もするのでクライエントにあげよう，自分は書いたことを思い出しながら後で相談記録に起こせばいいや，そういう気持ちから始まったものでした。ただやってみると，クライエントからの評判がかなり良いのです。

　考えてみれば当たり前かもしれません。カウンセラーだって相談内容を忘れてしまうくらいだから，クライエントだって時間が経てば相談内容を忘れるでしょう。走り書き程度のメモでも，メモがあれば自分の興味や価値観を再度思い出すこともできるし，家に帰ってから人生テーマに関連する他の記憶（例えば「中学校の委員会でも，みんなで頑張って楽しかった」）を思い出すかもしれません。

　実はナラティブ／社会構成主義キャリア・カウンセリングの大家サビカスも，カウンセリング中にメモを取って，そのメモをクライエントに渡すようです。メモ自身もクライエントにとっては振り返りの機能を果たしているように思います。

　そして相談記録ですが，私の場合は，この書籍に掲載している事例から「てにをは」と「ですます」を除いた箇条書き程度で残しています。ですから量的には10行前後〜1ページ弱という感じでしょうか。記載内容としてはクライエントについて気づいたこと（「声が小さい」「背中を丸くして縮こまっている」など），実施したワークや出て来た価値観（「職業カードソートを実施して「ドキドキワクワクが好き」という価値観が出た」など），2回目があれば出した宿題などを記載しています。ハローワークの通常窓口や一般の大学就職窓口では「〇〇社を紹介」「エントリーシートを指導」程度の1，2行かもしれませんし，民間職業紹介会社や大学の学生相談窓口では指定の様式に1〜2ページくらい書くかもしれませんが，私の場合はその中間といった感じでしょうか。学生の就職相談のうちでも最初の方向決めに関する相談が多いので（履歴書やエントリーシートの添削などは別にある就職相談窓口に行く学生も多い）1回で終わることが多いですが，2回目に来た学生には1回目の相談記録を見ながら「前はこうだったよね。その後何かあった？（どう変わった？）」というふうに相談を継続しています。この「1回目と2回目の変化を確認するこ

と」も重要なことだと考えています。

※最近，学会発表や研究会などで民間就職支援機関の方が利用者へのアンケート調査や事例発表をする例を何度か見ましたが，利用者から個人情報の利用の承諾を得ていないのではないかと思われるケースも散見されます。意識調査のようなものでも「調査に協力しなくても事業は利用できる」「調査への協力は任意である」旨の説明は必要ですし，クライエントの了解は必須です。参加されている学会や日本心理学会の倫理規定なども参考に，クライエントの利益をきちんと保護して（クライエントの不利益を最大限排除して），適切に研究・発表を進めていただければ，と思います。

（4）　ガイダンス・教育・研修の場面

　ガイダンス・教育・研修の場面でもカウンセリング場面とそう違いはありません。最初にガイダンス・教育・研修の意図を，ライフ・キャリア構築（≒人生設計）との関係，ライフ・キャリア構築の必要性の説明まで含めて説明し，ワーク等を行う場合は集団相手では1人ひとりの進捗が把握しにくいので机間指導ではないですが歩きまわりながら進行を確認し，必要に応じて時間を延ばしたり短くしたり，書けていない学生が多いようであれば説明の例示を増やしたり，書いていない学生には声をかけたりアドバイスをしたりします。途中で「何か自分の特徴や傾向は分かったかな？」というような声掛けをしてガイダンスやワークの意図を再度説明し，場合によってはグループを作ってもらってグループ内でシェアしてもらうことで他のグループメンバーの意見を参考にしてもらったりします。ガイダンス・教育・研修の事後には確認シートを書いてもらい「どんなことに気がついたか」とか「あなたにとって大切なテーマは何だったか」というようなこと（そのガイダンス・教育・研修の目的に対する，学生の反応・結果）を明記してもらいます。それらは回収してチェックすることもあるでしょうし，学生に持って帰ってもらうこともあるでしょう（私の場合は基本的に持ち帰ってもらっています）。

　近年コンビニや携帯電話，ネットの普及さらにはサービス産業化で，若者は「赤の他人と触れ合う・語り合う」「仕事や役割分担を身近に意識する」「人のために何かをする・人と協力して何かを作り上げる」機会が減っているように

思います。私の場合は，学生自らの役割体験（部活やサークル，係活動，体育祭，学園祭，合唱コンクール，友人関係など）を想起してもらって「楽しかった役割」「あるべき責任感」などを意識してもらったり，これまでの社会体験（買い物やサービスを受けた体験）から「あるべき仕事の姿」「お客さんが喜ぶ仕事」を考えてもらったり，「日本でいちばん大切にしたい会社」（あさ出版）などの書籍や教材を通じて「いい仕事のロールモデル」を意識的に持ってもらうようにしたり，大人から仕事のやりがいについてインタビューしてくるなどの課題を通じて「仕事への誇り」について考えてもらったり，学生の中に「自分にとっての，いい仕事のロールモデル」を意識的に持ってもらうようにして，「そういう仕事をしたい」と思えるようにお手伝いをしています。

（5） 志望動機，自己ＰＲが言えない学生

　単に「志望動機を考えろ」「自己ＰＲを考えろ」では，多くの学生は書き上げるまでに時間がかかります。ややもすると書けない学生も少なくありません。ある程度書ける学生は相談に来ますが，困ったことに「全く書けない学生」は（そういう学生ほど来て欲しいのに）相談には来にくいようです。幸い理系・実業系の大学では，専門を生かした就職をする場合が多く，実験や演習に多くの時間を割きますので，「その大学（学部・学科・学問）を志望した理由」「専門分野で好きだったこと・頑張ったこと」を考えればそれが志望動機のように使える場合もありますが，専門と就職がリンクしていない場合，前項・前々項のようなカウンセリング・ガイダンスがどうしても必要になってきます。

　また就職活動が始まる時期になっても「自己ＰＲが言えない」学生が非常に多くいます。彼らにとってみれば「誰にでも誇れるような経験」（例えば全国何位とか甲子園に行ったとか）がないので，「自分なんか大したことがない」ということになりがちです。私はそういう「人に自慢できること（結果・成果）」のほかに，まだ成果は出ているとは言えないが頑張っていること（毎日続けているランニングやTOEIC受験に向けた勉強など），失敗から学んだこと（親しさに甘えて友人に悪いことを言って絶交されて以来，人の悪口を言わなくなったなど）も自己ＰＲになることを伝え，そういったものも思い出してもらうようにしています（図13）。また保護者や友人から「自分のいいところ」

を聞いてくる，という宿題を出す場合もあります。

　どうしても大学受験まで（特に中高）の時期は学業成績や運動能力などで自分自身や周囲の学生を評価する傾向があるようで，その結果として「自分なんか大したことがない」と思う学生が非常に多いように感じます。頑張った学業はもちろん胸を張って良いと思いますが，日常のあらゆる場面で自分の特徴や長所を探したり，ガイダンスやカウンセリングの場面で彼らのナラティブに注目したりして，志望動機・自己ＰＲにつながる資源を探すようにしています。ゼミ教員や担任，学年担当教員その他教職員との連携（情報交換）も効果的であるかもしれません。

【第7章の参考文献】
マーク・L・サビカス　2015　サビカス　キャリア・カウンセリング理論　〈自己構成〉
　　によるライフデザインアプローチ　福村出版
渡部昌平編　2015　社会構成主義キャリア・カウンセリングの理論と実践　福村出版

■ナラティブ／社会構成主義キャリア・カウンセリングの進み方の実際

　本書では何度か「まず望ましい未来を構築する」と記述していますが，第7章
（2）や掲載した各事例のとおり，実際には

①現在・過去から（複数の）ライフ・キャリア・テーマを掘り起こす。

②複数のライフ・キャリア・テーマから「望ましい未来」を検討・選択する。

③「望ましい未来」を構築するための資源を現在・過去から探す，なければこれか
　ら作る。

という形で，現在・過去と未来のナラティブを行ったり来たりしています。サビカ
スもコクランも，最初はクライエントの現在や過去（例えば小さい頃に尊敬してい
た人やライフライン）を聞いています。

　相談の最初の目的は②「望ましい未来」の明確化で，理屈として書くと②からス
タートするようにも見えますが，順番としてはその前に①の過程があるということ
を知っておくのは重要なことだと思っています。①と③はともに現在・過去を聞い
ていますが，目的が違います。しかし③に使えるものが①でも出てきますから，順
番はぐちゃぐちゃになります。③で①を補う（例えば①で「サークルで，みんなで
頑張ってイベントを成し遂げたのが楽しかった」という話が出てきて，②で「みん
なで何かを作り上げるのが好き」というテーマを選んだとしたら，③で「他に『み
んなで何かを作り上げた経験』は？」と聞く）という感じでしょうか。本章では繰
り返し「傾聴よりも質問」と書いてはいますが，実際には傾聴したい／傾聴してい
るからこそ質問ができるということは忘れないでいただきたいと考えています。

　こうしたイメージは相談へのアドバイスやスーパービジョンでも有益だと思いま
す。「クライエントはこういうテーマについて語っているのではないか」「そのテー
マについて，もっと深く聞いてもいいのではないか」「こういう経験やエピソード
も資源として使えるのではないか」という感じでしょうか。

　与えられた環境の中で過去・現在と生きてきた中で自ら意味づけてきた自分のラ
イフ・キャリアを，過去・現在を語ることによって一旦外在化し，外在化された過
去・現在から必要な取捨選択（脱構築）をして「望ましい未来」を語り，その上で
「望ましい未来」につながる現在・過去という物語に再構築していこうとする一連
の流れだと考えると，理解しやすいでしょうか。

第7章　ナラティブ／社会構成主義キャリア・カウンセリングを実践する　*69*

■クライエントへの宿題の例

　1回の相談で価値観や方向性が明確にならない場合，宿題を出す場合もあります。分かりやすい例で言えば

・就活サイトを見て，少しでも「面白そう」「興味がある」と感じた会社を3社探してその理由（例えば「海外支社があって面白そう」）を言葉にしてくる。

・周囲の大人に「仕事を選んだ理由」を聞いてくる，その理由を聞いて感じたこと，考えたことを言葉にしてくる。

・学校から家に帰るまでに目についた仕事を書き出してくる。それらについて，やってみたいかやってみたくないか，その理由について整理してくる。

などの宿題を出すことがあります。

　また面接がなかなか進まない，コミュニケーションを苦手としている消極的な学生などには

・（まず反応してくれるであろう）売店や学食の店員さんに話しかけてみる。

・エレベーターで「開閉ボタン」「行き先階ボタン」の前に立ち，一緒に乗った人に「お先にどうぞ」「何階ですか？」と声をかけてみる。

などのほか

・普段通らない道で帰る。目的なく散歩してみる。

・変わった色の車を探す。

・好きなことをやってくる。

などの宿題を出すこともあります。宿題を出す場合，クライエントの日常生活を聞いて「過去に好きでやっていたけど，しばらくやっていなかったこと」や「できそうだけど，やっていないこと」などにする場合もあります。

　就職相談担当から「元気がなく，明るさが足りないから，就活がうまく行かないのではないか」と送り出されてきた学生に，「どんなとき元気か」と聞いたところ「夜にやるゲーム（戦う系のシミュレーションゲーム）」だというので，「夜にやらずに就活前にやって戦闘モードになって就活に行ったら？」「就活を戦闘系シミュレーションゲームと思えば？」とアドバイスしたこともあります。クライエント自身の言葉（ナラティブ）に関連させるのがコツだと思っています。

職業カードソートの技法を用いた「仕事に対する価値観発掘シート」

できるできない おもしろくなさそう「やりたい」に○	大企業の社長、医師、ロボットの開発、カウンセラー、警察官、市役所職員、社長秘書、画家、大学教授、プロ・サッカーチームの監督、リニアモーターカーの開発、パイロット、花屋さん、ホテルのフロント、陶芸家、動物園の飼育係、弁護士、レスキュー隊員、魚屋さん、レストランのコック、コンビニの店長、俳優、料理研究家、自動車整備士、カーレーサー	
○をつけた職業について、自分なりにグループ分けをして、それぞれに「選んだ理由」を書く（※）		○をつけなかった職業について、自分なりにグループ分けをして、それぞれに「選ばなかった理由」を書く
全体をみて自分の価値観は？優先順位は？		

※ 「好きだから」「かっこいいから」で済ませずに、なぜ好きなのか、どこがかっこいいのかも考えてみよう。

図13 職業カードソート

第7章　ナラティブ／社会構成主義キャリア・カウンセリングを実践する　　*71*

今／これからやりたいこと (例：読書、映画、ドライブ・・・)

	やりたいこと	※マーク	最後にやった日

※練習したほうが上手くなるものには「練習」、計画が必要なものには「計画」、1人で楽しむものは「1人」
みんなで楽しむものは「みんな」どちらでもいいものは「1人／みんな」、外でやるものは「外」家でやるも
のは「内」と記入。最後に、やりたいもの上位5つの左欄に星印をつける。

図14　20 things

自己PR　確認シート2

年　　月　　日

今できていること、得意なことを確認しよう

1　わたしは＿＿＿＿＿＿＿＿＿＿＿＿＿＿＿＿＿＿＿＿＿＿ができる・得意です。
　　証明エピソード：
2　わたしは＿＿＿＿＿＿＿＿＿＿＿＿＿＿＿＿＿＿＿＿＿＿ができる・得意です。
　　証明エピソード：
3　わたしは＿＿＿＿＿＿＿＿＿＿＿＿＿＿＿＿＿＿＿＿＿＿ができる・得意です。
　　証明エピソード：
4　わたしは＿＿＿＿＿＿＿＿＿＿＿＿＿＿＿＿＿＿＿＿＿＿ができる・得意です。
　　証明エピソード：

将来できるようになりたいことを書いてみよう、今できることを整理しよう

1　わたしは＿＿＿＿＿＿＿＿＿＿＿＿＿＿＿＿＿＿＿＿＿＿ができない・苦手です。
　　条件：ただし（だから）、
　　証明エピソード：
2　わたしは＿＿＿＿＿＿＿＿＿＿＿＿＿＿＿＿＿＿＿＿＿＿ができない・苦手です。
　　条件：ただし（だから）、
　　証明エピソード：
3　わたしは＿＿＿＿＿＿＿＿＿＿＿＿＿＿＿＿＿＿＿＿＿＿ができない・苦手です。
　　条件：ただし（だから）、
　　証明エピソード：
4　わたしは＿＿＿＿＿＿＿＿＿＿＿＿＿＿＿＿＿＿＿＿＿＿ができない・苦手です。
　　条件：ただし（だから）、
　　証明エピソード：

失敗からの学びを書いてみよう、何を学んできたか整理しよう

1　わたしは＿＿＿＿＿＿＿＿＿＿＿＿＿＿＿＿＿＿＿という失敗をしました。
　　学び：しかし（だから）、
2　わたしは＿＿＿＿＿＿＿＿＿＿＿＿＿＿＿＿＿＿＿という失敗をしました。
　　学び：しかし（だから）、
3　わたしは＿＿＿＿＿＿＿＿＿＿＿＿＿＿＿＿＿＿＿という失敗をしました。
　　学び：しかし（だから）、
4　わたしは＿＿＿＿＿＿＿＿＿＿＿＿＿＿＿＿＿＿＿という失敗をしました。
　　学び：しかし（だから）、

図15　自己PRシート

第7章　ナラティブ／社会構成主義キャリア・カウンセリングを実践する　*73*

■望ましい未来の「簡単な」引き出し方

　ミラクルクエスチョンのように，たった1つの質問でクライエントの「望ましい未来」「これからやるべきこと」を引き出す方法はないのでしょうか。その答えは「あるにはある」と考えています。

　「10年後の皆さんをイメージしてください。希望する会社に入って，バリバリに働いて，周囲からも嘱望され期待される有能な仕事人になっていると思ってください。そんな10年後のあなたから，今のあなたあてに『今やるべきこと』『アドバイス』をしてください」というワークを学生に課したことがあります。多くの学生は「自己PRを書け」と言っても書けませんが，このワークをするとかなり客観的に自分が見えるのか「今の優しさはずっと持ち続けろ」や「優柔不断なところは直したほうがいい」，「好きな食品系の仕事にまっすぐ進め」などと自分の長所・短所・方向性をある程度明示できるようになるように思います。一方で「10年後の自分がイメージできない」「自分が優秀な社員になるはずがない」「よく分からない」と言って，あまり書けない学生も少なからず存在します。

　「神様からのアドバイス」「自分の守護霊からのアドバイス」「自分を信頼・期待してくれている人からのアドバイス」のように書かせる場合もありますし，そうすれば「10年後の自分」よりは自分に対して現実的なアドバイスができるかもしれませんが，いずれにしても「書けない学生」というのは一定程度存在するように思います。

　実はミラクルクエスチョンにしてもうまく機能しないクライエントはいるように感じていまして，その場合は別の質問などで少しずつクライエントを解きほぐしていくしかないと思っています。「誰にでも万能な質問」は，なかなかないように感じています。

■就職か進学かで迷うDさん

　就職活動を行っているが，就職か大学院進学かで迷っているDさん。現在海洋生物のゼミだが，食品・医薬品関係への就職を検討中。直接の相談内容は「大学院で海洋生物を研究したいが，食品・医薬品会社に行けるか」だったので，その件は「ゼミの先輩がどんな会社に就職しているか，就職部門に確認」することに。なお自分の選択に自信がないとのことだったので，相談を開始。

　現状について，「当初は就職7割進学3割で考えていたが，就職活動を通じてやりたいことが言えない／やって来ていないことに気づき，今は進学9割で考えている」「就職を考え食品ゼミに入ると言って親から進学の了解をもらったが，食品ゼミの先生からは『食品ゼミに入ったから食品会社に就職とは限らない。やりたいことを考えてみたら』と言われ，興味がある海洋生物ゼミへの進学を考えている」「ただその選択でいいのかが不安」とのこと。

　これまでを振り返ってみると，「もともと動物は好き（実家では今も犬を飼っている由）」「小さい頃はヤモリ等も飼っていた」というエピソードが出る。

　相談をレビューしてみて，「高校までやりたいことをやってこなかったので，この際，やりたいこと（海洋生物の研究）に取り組みたい」「進路は研究に取り組みながら（大学院に進学してから），並行して考える」という整理に。

　進学のメリットを整理して「進学すれば海洋生物の知識や経験が増える。発表や執筆の機会もあるだろう」「その後の進路は食品・医薬品でもいいだろうし，海洋生物（水産物）関係に進むかもしれない」という相談結果に。ゼミへの進学による2年間の就職の遅れや食品・医薬品分野との距離などのデメリットも整理。しかし本人は海洋生物のゼミへの進学の方向で意志が固まった様子。

　相談について，院進学の不安を10段階で評価してもらったところ，相談前が7，相談後（レビューの時点）が2〜3，さらに院進学のメリットを挙げたところ（デメリットも検討したが）不安はほぼ0になった由。相談はこの1回で終了し，数ヶ月後大学院の試験に合格し，海洋生物の研究をすることになった。

　就職か大学院進学かで迷うクライエントに対し，悩んでいる進路に関連するエピソード（もともと動物が好き，これまで「やりたいこと」をやってこなかった）が掘り起こされ，クライエントのアイデンティティーを明確化できた事例だと考えている。

■1人ひとりの個性を見つめる

　同じ食品関係志望でも，1人ひとり特徴や個性は異なります。ある学生は「嬉しい時も，悲しい時も，私はお菓子と一緒にいた。お菓子の力を，周りにも教えてあげたい」と言っていましたし，ある学生は「私にとって料理は科学だ。味も大切だが，それよりも，例えば卵に熱を加えるとふくらむとか固まるとか，変化が起きることが楽しい」と発言していたり，ある学生は「バレンタインデーのチョコを1個分だけ買ってきて，ただ溶かして形を変える女子学生が信じられない。私なら材料を多めに買ってきて，いろいろなレシピを試して，一番うまくいったものを渡す」と発言していたり，またある学生は「私は人のために料理を作って『おいしい』と言ってもらうのが嬉しい。だから1人のときはあまり料理を作る気がしない」と発言していたり，さらにある学生は「もらってきた野菜を使い切ろうと思って夕方に料理を始めたら，終わったら明け方だった」と発言していたりします。食品（料理）への取り組み方，食品（料理）を通じた人との関係も人それぞれです。「この子は食品会社を受ければいいや」だけでなく，「どんな食品会社がいいか」「食品を通じてどんな生活（人生）を歩みたいのか」ということを意識するようにしています。

　理系の大学にいると，文系だった私では想像できないこともあります。「シャーレの中の微生物が増えていくのが面白い」とか「飼い犬があくびをしたので，興味を持って口の中を覗いたら噛まれた」とか「生物に興味を持って大学に来たが，そういえば小さいころにはヤモリも飼っていた」とか，よく聞くと1人ひとりに個性が光っていることが分かります。

　1人ひとりの個性が生かせるような仕事や人生に就けるような支援をしていきたい，と考えています。

第8章　ナラティブ／社会構成主義キャリア・カウンセリングの考え方／学び方／教え方

（1）　誰が相談者たり得るのか

　ナラティブ／社会構成主義キャリア・カウンセリングは，やり方や哲学さえ学べば実際には専門的な研鑽を積んだカウンセラーでなくとも「誰にでも（比較的簡単に）できる」技法だと思っています。実際に資格を持たない学校の先生や就職担当の方，企業の人事担当の方，福祉部門の方も各種のカウンセリング技法を採用されていることでしょう。解決志向アプローチのインスー・キム・バーグは「ブリーフコーチング入門」という書籍を出していますし，他にも（キャリア・カウンセリング分野ではあまり見かけませんが）教員向け，企業向けの解決志向アプローチの書籍は数多くあるようです。

　しかし当然にクライエントとの信頼関係は重要になってきますし，色々な人生観や興味・関心を持つクライエントを受け入れるだけの「幅の広さ」「奥の深さ」「柔軟性」があるに越したことはないことになります。

　またカウンセラー養成には含まれていますが，他者（クライエント）理解が進められるようなアセスメント技法の知識・経験や，グループの心の動きを理解するようなグループワーク体験などがあると，それも「幅」「奥行き」を広げるものになり得るのではないかと考えています。クライエントの現状（例えば労働市場の現状であるとか児童・生徒・学生・従業員の現状であるとか）の知識を持つことも大切でしょう。現状の臨床心理士ほかカウンセラー養成のためのプログラムは非常に効果的でしょうし，そうでなくても福祉職養成のための傾聴訓練なども効果的と思います。現代のケータイ世代の若者はネット化などにより「赤の他人とのコミュニケーション経験」が少ないように感じます。やったことがないことに苦手感を持つことは仕方ありません。何かの機会に「経験を積むこと」「これまで（の成長や不足）を振り返って考える時間を取ること」も重要になってくると感じています。

次項とも重なりますが，人との違いを感じた経験や人の相談を受けた（カウンセリングの）経験があるに越したことはありませんし，それは間接体験（ロールプレイや読書など）でもある程度補えるのではないかと思っています。誠実で真摯な姿勢と，継続的な学びが必要であると感じています。

（2） 専門家の意味

ナラティブ／社会構成主義キャリア・カウンセリングを教えるに当たっては「ナラティブ／社会構成主義キャリア・カウンセリングの専門家（実践家であり，かつ研究者）」である必要があると考えています。専門家ということは「その分野において責任が取れること／責任を取ること」ということと考えています。実際のやり方を伝えたり，分からない部分を教えたり，ということになるのだろうと思います。

他方，では実際に社会構成主義的な就職相談をしている就職担当者や企業担当者はどうでしょうか。それらの人々も自らの仕事に基づいて，自ら責任感を持って仕事をしています。私は個人的にはカウンセリング技法や心理学の知識は，国語・算数・理科・社会などと同様に「基礎的な学問」「教養科目」として多くの人に提供されたほうがいいのではないかと感じています。新しい技法の研究や理論化を行う専門の研究者がいるのはもちろん望ましいことですが，既にあるものを学び，利用する「カウンセラーなどの資格を持たない人たち」がいるのは仕方がないことですし，効果があるのであればむしろ当たり前のことだと思いますし，効果的・効率的なカウンセリング技法は専門家以外にも普及させるべきものと思います。

各自が自分の能力や知識や経験の範囲内で仕事をし，その能力や知識や経験を伸ばす努力をし，それを支える人たちがいる，その中で各自が最大限の努力をして効果を発揮するのが望ましいということなのだろうと思います。

（3） どう学び，どう教えていくのか

自分にとっての「当たり前」を知るには，前章のSTFほか各種の質的アセスメントを自ら体験してみることで自分の人生観や興味・価値観を明確にすることがまず挙げられます。49ページのSTFのように自分の周囲の文脈（コン

第8章　ナラティブ／社会構成主義キャリア・カウンセリングの考え方／学び方／教え方　79

テクスト）とそこからの影響を整理していくのも1つの方法だと思います。発表されている書籍などで各種の事例を読むことも勉強になります（ピーター・ディヤング＆インスー・キム・バーグ「解決のための面接技法」（金剛出版）はちょっと値段が高いですが，事例が多いので特にお勧めします）。

　また自分にとっての「当たり前」の幅を広げるためには，他者の多様な興味や関心，価値観を知る必要があります。（構成的）エンカウンターグループや仕事仲間との勉強会・ロールプレイでも良いでしょうし，新聞や雑誌の人生相談を読むのも良いかもしれません。文化や環境の異なる人との交流も参考になるのではないでしょうか。海外旅行を含む旅行をして旅先の人と交流をするのも良いかもしれません。グループでブレインストーミングなどのグループワークをする経験も良い方法だと思っています。特にお互いの興味や関心，価値観を開示しあうような良質なグループワークは，その人の思考や感情の幅を広げ，ひいては社会適応の可能性を高めるのではないかと感じています。

　私の実践では，教養科目の講義では以下の最初の3冊のグループワーク本を使うことが多いですが，教職科目では後のほうの2冊の本も使っています（他にも学校グループワークの本なども活用しています）。後の2冊は援助者としての価値観や行動が問われます。

　星野欣生　2002　人間関係づくりトレーニング　金子書房
　星野欣生　2007　職場の人間関係づくりトレーニング　金子書房
　津村俊充　2012　プロセスエデュケーション　学びを支援するファシリテー
　　　　ションの理論と実際　金子書房
　福山清三　2011　対人援助のためのグループワーク
　福山清三　2013　対人援助のためのグループワーク2

　もちろんカウンセリングや事例の知識・経験をつけることも大切ですし，上記のようなグループワークなど間接経験を含む経験も役に立つでしょう。本書で示したような書籍をお読みいただくのも良いでしょうし，各種講座やセミナーに参加されるのも良い経験になると思います。学会・研究会・勉強会等での発表・参加・聴衆からのフィードバックも参考になると思います。教育学やコミュニケーション論，メディア論，広告論などの他分野から「語られていない

が，伝わってくるもの／伝えようとしているもの」を学ぶという方法もあるのかもしれません。

　さらに（当たり前ですが）クライエント自身からのフィードバックも非常に参考になると思っています。個人的には，就職相談が終了した際には可能な限り「どのくらい自分の志望が明確になったか」「どのくらい不安が改善したか」「相談前は10段階でどのくらいで，相談後は10段階でどのくらいになったか」「どうすればもっと効果的な相談になったと思うか」などとクライエントに聞くようにしています。

（4）　何が必要なのか

　知識や経験ももちろん必要ではありますが，個人的には「人間性」「柔軟性」「感受性」が重要になってくると考えています。ひょっとするとお笑い番組やドラマを見ることも人間性・柔軟性・感受性を高めてくれるかもしれませんし，小説や映画を見ることも参考になるかもしれません。もちろん各種心理療法家の書籍を読むことは勉強になるでしょう。

　ちょっと話はそれますが，カルカソンヌ，ニムト，ごきぶりポーカーなど比較的誰にでも出来て実施が簡単な対戦型のカードゲームがあります。こうしたゲームの「勝ち方を考える（≒語られていないルールを見つける）」のも柔軟性・感受性を育てるのにいいのではないかと個人的には考えています。将棋や囲碁でも良いのでしょうが，これらゲームはかなり複雑なので，もう少し簡単なほうが個人的には学生なども学びやすいように感じています。例えばオセロゲームで言えば，「角を取ると有利だ」「初期の段階では角の近辺には打たないほうがいい」などの定石（≒語られていないルール）があり，これに気づくと気づかないとでは勝つ確率に違いが生じます。それらを本で読んで知るのではなく，経験しながら自分なりの仮説を作っていく練習（やメンバー同士で語る練習）になるのではないかと思っています。

　意図のあるグループワーク同様，遊びのようなものの中でのやりとりや日常生活の中でのやりとりも，「意識する」「振り返る」「意見交換をする」ことで教育材料になるのではないかと考えています。

（5）　私たちはどこに行くのか〜クライエントには何をすればいいのか

　サビカスでもディヤング＆キム・バーグでも書かれていますが，カウンセリングの最初に「私はあなたのために何ができますか」とカウンセラーがやるべきことをクライエントと契約する（確認する）ことは重要だと感じています。学生の就職相談では最初からその言葉を出すのがなかなか難しいのですが，「今日はどうしましたか」「今日は何をしに来ましたか」という声かけから始まって，「エントリーシートが書けないので手伝って欲しい」「専門以外の就職を考えているが，大丈夫だろうか」などの言葉を引き出すようにしています。また相談の途中でも「ではあなたの好きなこと，得意なことを引き出すために，ちょっと中学・高校の頃の部活動や学園祭のことを教えてくれるかな」のように，質問の意図や意味を必要なだけ伝えるようにもしています。

　この辺りの1対1の相談（カウンセリング）の過程はガイダンスや教育と少々違う点もありますが，ガイダンスにせよ教育にせよ，最初に意図や目標を伝えたほうが伝わりやすい場合も多く存在します。クライエントはどうなりたいのか，それに対して自分は何ができるのか，それがお互いに明確になると誤解が生じることが少なくなるように感じています。そういう意味でも最後に「相談してみてどうだったかな。何が整理されたかな」と聞く（場合によってはスケーリングしてもらう）のも重要だと感じています。

　カウンセリングはカウンセラーのためのものではなく，あくまでクライエントのためのものです。カウンセラーがクライエントを利用するのではなく，クライエントがカウンセラーを利用しやすいようにする必要があり，それはカウンセラー側にかかっています。そのためにも「クライエントは何を期待しているのか」「自分がクライエントのために何ができるのか」「それはどう呈示され，どう提供されているのか」「どうするとより効果的・効率的になるのか」を意識することは大切だと考えています。

【第8章の参考文献】
※以下，ナラティブや社会構成主義を学ぶための書籍でないものがほとんどですが，柔軟性を磨いたりロールモデルを持つのには参考になるかと思い，挙げさせていただきました。

ジェーン・フルトン・スーリ＋ＩＤＥＯ　2009　考えなしの行動？　太田出版

サム・サマーズ　2013　考えてるつもり　「状況」に流されまくる人たちの心理学　ダイヤモンド社

ダン・アリエリー　2008　予想どおりに不合理　行動経済学が明かす「あなたがそれを選ぶわけ」　早川書房

チップ・ハース＆ダン・ハース　2010　スイッチ！「変われない」と変える方法　早川書房

パトリシア・ライアン・マドソン　2011　スタンフォード・インプロバイザー　一歩を踏み出すための実践スキル　東洋経済新報社

『楽しくわかる職人図鑑』制作委員会　2015　楽しくわかる職人図鑑　日本能率協会マネジメントセンター

坂本光司　2008　日本でいちばん大切にしたい会社　あさ出版

坂本光司　2010　日本でいちばん大切にしたい会社2　あさ出版

坂本光司　2011　日本でいちばん大切にしたい会社3　あさ出版

坂本光司　2013　日本でいちばん大切にしたい会社4　あさ出版

國分康孝・國分久子　2004　構成的グループエンカウンター事典　図書文化

マーク・L・サビカス　2015　サビカス　キャリア・カウンセリング理論　〈自己構成〉によるライフデザインアプローチ　福村出版

ピーター・ディヤング　インスー・キム・バーグ　2016　解決のための面接技法〔第4版〕ソリューション・フォーカストアプローチの手引き　金剛出版

渡部昌平編著　2015　社会構成主義キャリア・カウンセリングの理論と実践　福村出版

第8章　ナラティブ／社会構成主義キャリア・カウンセリングの考え方／学び方／教え方　*83*

■映像を用いてナラティブ／社会構成主義を学ぶ

　アメリカ心理学会（APA）では，例えばキャリア・カウンセリングの第1人者サビカスのライブ・キャリア・カウンセリングのビデオを販売しています。他にもナラティブ・セラピーや解決志向セラピーのビデオも同様に販売されています（アメリカ心理学会のビデオ販売については次のサイトをご参照ください。http://www.apa.org/pubs/videos/index.aspx）。映像だとクライエントの反応やカウンセラーの発声のタイミングなども分かり，テキストで見るのとは違った良さがあります。日本語訳・日本語字幕はありませんが，こうしたビデオを見ることはとても勉強になると考えています。

　日本語がついたものという意味では「解決のための面接技法　ソリューション・フォーカストアプローチの手引き」（金剛出版）という書籍に学習用ＣＤ（練習クリップ）が附属されていて，そこには書籍（テキスト）に対応した日本語字幕がついています。繰り返し見たり，遡って見たりすることもできるので，映像媒体はとても便利です。

　学会の自主シンポジウムでご一緒した大正大学の廣川進先生は，ジブリの映画「おもひでぽろぽろ」を勧めておられました。この映画は主人公が過去の「ダメな自分」「偽善的で，転校生に偽善を見透かされた自分」というストーリーから，あるきっかけで「正直な自分」のストーリーに気づいていくという内容で，実は後日廣川進先生の研修を受けさせていただいて，何度かテレビの再放送で見ていたはずなのに自分がちゃんとこの映画を見ていなかったことを思い知らされました。

　こう考えてみると「マイ・フェア・レディ」などの映画でも学ぶことはできるのかもしれませんし，いろいろな映画やドラマが（場合によってはドキュメンタリーが）学びの参考になるのかもしれません。

■講義形式でのナラティブ／社会構成主義キャリア・カウンセリングの活用例

第1講 「将来どんな人になりたいか」「そのために何をするか」を考える
　　　～社会構成主義キャリア・カウンセリングについて解説

第2講 これまでの経験を振り返る
　　　「今やりたいこと」（図14）「昔好きだったこと」（図16）を比べる
　　　キャリア・ストーリー・インタビュー（図17）に答える
　　　※グループで気づいたことについてシェアする

第3講 ライフ・キャリア・アセスメント（図18）に答える
　　　通常の1日を振り返り，好きな時間・場面について考える
　　　失敗から学んだことを含め自己PR（図15）について考える
　　　～好きな仕事・役割の場面や人間関係，好きな学びや余暇活動を整理する，
　　　　自分の長所・課題を整理する
　　　※グループで気づいたことについてシェアする

第4講 ライフラインを描く，＋にあった時，－にあった時を説明し，それぞれの
　　　人生物語の章に名前をつける
　　　～これまでの人生でどういう場面で楽しかったり満足してきたり，またそ
　　　　の反対であったか確認する。＋の継続（再現）を検討する。
　　　※グループで気づいたことについてシェアする

第5講 周囲からの影響について考える／周囲の資源について考える
　　　～家族や友人，周囲からしてもらったことは何か／喜ばれる仕事とはどう
　　　　いうものか，家族や尊敬する人・あこがれた人からどういう影響を受け
　　　　たか，周囲にはどういう資源があるか
　　　※グループで気づいたことについてシェアする

第6講 メンバーのいいところを探す（他己PRのためのインタビュー～他己P
　　　R）
　　　※グループで気づいたことについてシェアする

第7講 仕事における「情報共有」「意見交換」「協力」の必要性を理解する
　　　～各種グループワークを実施
　　　※グループで気づいたことについてシェアする

第8講 働くことについてディスカッションする／自分の「望ましいキャリア」に
　　　ついてグループで発表する・メンバーから肯定的コメントをもらう

第8章　ナラティブ／社会構成主義キャリア・カウンセリングの考え方／学び方／教え方　　85

昔よくやったこと、好きだったこと

	よくやったこと、好きだったこと	※マーク	やった時期

※練習したほうが上手くなるものには「練習」、計画が必要なものには「計画」、1人で楽しむものは「1人」
みんなで楽しむものは「みんな」どちらでもいいものは「1人／みんな」、外でやるものは「外」家でやるも
のは「内」と記入。最後に、やりたいもの上位5つの左欄に星印をつける。

図16　昔やったこと／やりたいこと

人生のストーリーを見つける

1．小さい頃、誰を尊敬していましたか？その人について教えてください。

2．いつも見ている雑誌やテレビはありますか？どんなものですか？その雑誌
　やテレビのどこが好きでしたか？

3．あなたの好きな本や映画は何ですか？そのストーリーを教えてください。

4．あなたの好きなことわざやモットーを教えてください。

5．あなたの一番古い記憶は何ですか？私はあなたが3～6歳の頃、もしくはあ
　なたが思い出せる一番古いあなたに起こったことについて 3 つのストーリー
　を教えてください。

図17　キャリア・ストーリー・インタビュー

ライフ・キャリア・アセスメント

1．（1）今まで分担してきた役割や仕事で、一番好きだったもの（少なくとも好きだったもの）は何ですか？どういうところが好きでしたか？

（2）今まで学んできた教育・訓練経験で、好きだったものは何ですか？どういうところが好きでしたか？

（3）今までの趣味・余暇活動で、好きだったものは何ですか？どういうところが好きでしたか？

2．「通常の1日」を振り返って、あなたが大切にしている時間や行動はありますか？その時間をなぜ大切にしていますか？

3．現在のあなたの資源（長所）と課題（障害）を3つずつ挙げてください。

4．1〜3を実施してみて、共通するところ、優先したいことなどまとめてみると、何が言えそうですか？

図18　ライフ・キャリア・アセスメント

第9章　ナラティブ／社会構成主義キャリア・
カウンセリングの限界

（1）　ナラティブ／社会構成主義キャリア・カウンセリングの限界

　実はナラティブ／社会構成主義キャリア・カウンセリングに限ったことではありませんが，カウンセリングをしているとどうしても「その場の雰囲気やその日の体調に流されやすい」ということが出てきます。クライエントが前日に見たテレビの主人公を格好いいと思えば，その主人公の職業に影響されることでしょう。当日読んだ新聞や雑誌の経済記事に影響を受けることもあるかもしれません。直前に好きなロックを聞いていれば元気がいいかもしれませんし，悲しいニュースを見ていたら落ち込んでいるかもしれません。

　また，一番の限界として「ない袖は振れない（ない経験は語れない）」という点があります。いくら車が好きでも，ある程度の車の知識や経験がなければ，車関係の会社への就職は難しいかもしれません。即ち，間接経験を含め，（特に若い人の場合は）場合によっては経験支援の必要性があるということです。

　さらに，自信のないもの・不安なものは前面に出て来ません。即ち，場合によっては疑似体験を含め練習・行動支援の必要性があるということです。勇気づけ（エンパワーメント）する必要があるということです。

　全体として，今の人生観や興味・関心に加えて「これまでの知識・経験」や「今の状態」も加えた「過去・現在・未来」のバランス，また「生物的・心理的・社会的適応」のバランス，さらに言えば「今後の発達（成長・変化）」を見越した決定（進路選択）の支援をしていくことが必要になってきます。

（2）　カウンセラー側の限界

　カウンセラーはカウンセラーで，自らの人生観や興味・価値観を持っています。例えば商社出身のカウンセラーが自分の経験を踏まえて「商社は素晴らしい」と考えていればクライエントにも商社を勧めるかもしれませんし，「商社

などでは働くべきではない」と考えていれば絶対に勧めないかもしれません。カウンセラーの経験，そしてそれに基づく人生観や興味・価値観がカウンセリング内容や結果にも影響を及ぼし得るということです。

またカウンセラーがクライエントを100％はわかり得ないという限界もあります。社会構成主義キャリア・カウンセリングは構造的なインタビュー等を用いることで，効果的・効率的にカウンセリングを終結することが可能となっています。しかしそれ故，クライエントとの深い信頼関係であるとか，時間をかけて深い話を聞くことに限界が生じます（逆に言えば，深い信頼関係がなくともカウンセリングが進みやすいという面もなきにしもあらずです）。

個人的経験で恐縮ですが，ある学生相談の際，1回できれいに進路が決定した「会心の相談」がありました。しかしその学生は数日後に別の相談者にところに相談に行っていました。学生は（私との間では終結してしまった）自分自身の決定に自信がなかったのですが，自信満々に相談を終えた私のところには相談に来づらかったのでしょう。結果的に別の相談者は私のところにその学生を送り出し，10回ほど相談を継続して，就職先としては落ち着くところに落ち着きました（この章末のEさんの事例をご参照ください）。

こうしたこと（迷ったクライエントが別の正解を探しに別の場所に行くこと）はよくあることです。クライエントの未来の可能性や資源は積極的に耕すとしても，クライエントの不安や自信のなさには支持的に関わっていく必要がある場合も十分にあり得ます。即ち，ナラティブ／社会構成主義キャリア・カウンセリングでは総じて短期に終結しがちですが，「短期終結だけが最善策ではない」「クライエントによっては右往左往するものだ」ということは，十分に肝に銘じておいて良いものと思っています。

（3）　関係性の限界

クライエントがカウンセラーを信頼していない場合（一定の信頼関係が構築できていない場合），カウンセリングはそう簡単には成立しません。クライエントが自ら相談に来た場合よりも，誰かに指示されて来た場合などがこれに当てはまると思います（「親に連れて来られた」「先生に言われたから来た」など）。ただ従来のカウンセリングと異なり，ナラティブ／社会構成主義カウン

セリングではそれでもなにがしかの対応の余地があります（例えば「来たくて来たわけじゃない」という人に「ここに来られたのはどなたの考えですか。その人たちはあなたがここへ来ることで何が違ってほしいと思っているでしょうか」と質問してみたり，「ここへ来てみて，どうですか」と尋ねても黙りこくっているクライエントに「話したくないもっともな理由がおありなのでしょう。そのことを聞かせてもらえませんか」と質問してみたりするような方法が「解決のための面接技法　ソリューション・フォーカストアプローチの手引き」（金剛出版）で解説されていますので，ぜひご参考にしてください。同書では「怒りと反発に対応する」「誰と何が重要かを聞く」「状況に注意を向けるために関係性の質問を使う」「妥協の余地のない要求を組み込む」などの技法が紹介されています）が，残念ながら完全という訳ではありません。

　また例えば花田（2004）は「車に乗って遠くに行くのが怖い」という66歳の女性の「若いセラピストへの抵抗」を，セラピストとクライエントとの間での「車にどのくらい乗れるか」という形の賭けにすることで解決した事例を紹介していますが，クライエントのセラピストへの抵抗の力も時によっては治癒へのエネルギーとして用いることができます。こうしたネガティブな人間関係をポジティブに活用するのも，社会構成主義独特のもののように思います。

　しかしクライエントに「エネルギーがない」「方向性がない」場合はどうしてもカウンセリングでは太刀打ちできない（支持的に接するしかない）場合も出てくるように感じています。また文字通り「言葉が通じない」という場合もあるかもしれません。言語的メッセージだけでなく非言語的メッセージも使えるとはいえ，カウンセラーとクライエントとの関係性による限界は認めざるを得ません。

（4）　カウンセラーの宿痾

　医療系のナラティブの本を読むと，ナラティブは「血液や脈拍の数値などのエビデンスベースの証拠だけを信じず，患者の訴え（言葉）を聞くこと」「むしろ患者の訴え（言葉）にこそ真実がある」として使われることが多いようです。「患者を患者そのものとして受け入れる」という態度のようにも見えます。

　それに比べるとカウンセリング分野では「クライエントの現在の症状の消失

を目指す」ことが多くなります。カウンセラーはよく言えば「その人を救いたい」，ややもすれば「その人（の今の状況）を変えたい」「その人を構いたい／変えたい」と思っています。うまく行かない事例では，クライエントに「（成功するまで）また来るように」アポイントを入れ続けるかもしれません。その点でカウンセラーとクライエントが一致すれば良いですが，意識的にせよ無意識的にせよ「変わりたくない」「カウンセラーを信頼できない」というクライエントもいない訳ではありません。クライエントが本当は何を望み，カウンセラーはクライエントのためにこれから何をしようとしているのか，立ち止まって考える時間があっても良いのかもしれません。

（5）　心理カウンセラーとそうでない支援者との関係

　大学では就職相談担当とメンタルヘルス担当（心理カウンセラー）が違うことがほとんどだと思います。心の健康バランスが崩れた学生の場合，就職相談は一旦置いておいて，「心理カウンセラーの守備範囲」として，就職活動から遠ざかったままになる場合があります。就職相談担当者も「心配だけれど，あの学生はいま心理カウンセラーに係っているので，就職活動をさせていいかどうか分からない」という場合があります。もちろん人によって就職活動ができる人できない人がいると思いますが，日本のように就職活動時期が特定の時期に固定されている場合は，十分に配慮しないといけないと感じています。

　逆に就職相談担当者の中には，就職が難しい学生や性格が難しい学生に怒ったり嫌がったり，心理カウンセラーのほうに送り込むような事例もあるように思います。こうしたことは教育機関に限らず，企業・組織内でも起こっているかもしれません。

　もちろん自分の仕事や能力の範囲内で仕事をすることがお互いにとって大切なことであり幸せなことではありますが，相手によっては自らの仕事の幅を広げたり責任を持ってオファーしたりするなどのことが必要になってくると思います。自戒を込めて，こうした面でも自主的な学習・人脈作りが必要だと思っています。

（6） おわりに

どんな技法でも限界や課題があります。サビカスの技法も大学院生ではさておき学部学生では全員には使えないと感じています。たぶん中学生や高校生でも難しいのではないでしょうか。具体的には，好きなテレビ番組は男子学生ではお笑い番組，好きな雑誌は女子学生ではファッション雑誌しか出てこない場合も多いですし，尊敬する人物（ロールモデル）が書けない生徒は少なくありません。また，どの技法を併用してもどうも積極的になれないクライエントも少なからず存在するように思います。どこまでがガイダンスや教育の対象で，どこまでがカウンセリングの対象なのか，学生やクライエントとの契約関係はどうなるのか，明確な線引きが難しいものもあります。

しかしだからこそ各種の実践が大切なのであり，実践の情報・意見交換が重要なのだと思っています。是非皆さんもそれぞれの技法の効果だけでなく限界・課題・対象範囲などについて声を出していただければ，と思っています。

【第9章の参考文献】

五十嵐敦　2015　「可能性と課題」　渡部昌平編　社会構成主義キャリア・カウンセリングの理論と実践　福村出版

S．マディガン　2015　ナラティヴ・セラピストになる　人生の物語を語る権利をもつのは誰か？　北大路書房

ピーター・ディヤング　インスー・キム・バーグ　2016　解決のための面接技法〔第4版〕ソリューション・フォーカストアプローチの手引き　金剛出版

花田里欧子　2004　「資源の発見と利用」　若島孔文編　脱学習のブリーフセラピー　金子書房

※第1章で紹介したガーゲンの書籍もぜひ参考にしてみてください。

■カウンセラーが相談に失敗しかかったEさん

「インターンシップで食品企業に興味を持ち，食品企業の研究をしているが，本当にやりたいのか自信が持てなくなってきた」と相談に来たEさん。

未来の選択への悩み・不安と判断し，社会構成主義に基づきクライエントの現在の不安には触れずに，興味・関心を確認したところ「食べることが好き」なので「食品関係に興味」との由。引きつづき未来を構築するのに使えそうな過去・現在の資源（食品にまつわるエピソード）を探索したところ，「特に，甘いものが好き」「最近はコーヒーも好き」「定年後は喫茶店をやりたい」などクライエントから重要と思われる興味や関心が表出される。

クライエントの過去・現在の資源や未来の希望が明確になり，その中に過去・現在・未来が一貫した「方向性」（＝喫茶店に関連した食品関係を目指す）を見出すことができた。カウンセラーはこの30分強の1回の相談でキャリア・カウンセリングが集結した「モデルケース」と考えていた。

一方，クライエントは後日，別の就職担当者を訪問。担当者はカウンセラーとクライエントの相談を知っていたため，クライエントの了解を取った上でクライエントをカウンセラーのところへ再度送り込む。「食品以外にも『人間関係がいい会社』に魅力を感じ，迷っている（食品会社ではない由）」とのことだったので，食品以外も含めた現在・過去の資源を探索。すると「食べることが好き」「料理も好き」「学園祭では装飾係」などの資源が出てきたため，「食品を含め，つくることが好き」「人と仲良くするのが好き」「頑張り・探求が好き」と整理し，就活を継続した。

1回の相談で方針を明確化できたとカウンセラーが考えていた事例であるが，クライエントは就活をする中で決定に不安を抱き，再訪することとなった。その後，クライエントは履歴書やエントリーシートの相談を含め10回程度来談し，「食品会社」から「人間関係がいい会社」「研究職にも興味」などその方向性が揺れつつも，結局，食品製造も行う小売業者に就職を決定した。

本事例ではクライエントの現在の「不安傾向」をより意識しても良かったのかもしれない。ナラティブ／社会構成主義キャリア・カウンセリングでは単に「早期終結」を目指すのではなく，よく傾聴し，内なる興味・関心や資源を十分に掘り起こすことに注力すべきであることを示した事例であったように思う。

■相談が延々続いたＦさん

　Ｆさんは早い段階で「食品系に進みたい」と方向性は定まっていた。そういう意味では基礎となるキャリア・カウンセリングは早々に終わっていたが，なかなか就職が決まらず，新たに企業を受けるたびに履歴書やエントリーシートの添削を受けに来て，相談回数は数十回に及んだ。

　この学生は志望動機や自己ＰＲの雛形を用意していて，それを活用するという意味ではよく考えていたのだが，添削をうけたものを雛形に反映しておらず，毎回毎回添削される前の雛形を使って履歴書やエントリーシートを書いてくるものだから，毎回毎回同じところを添削され，それを書き直して，と効率の悪い相談が続いていた。

　本人は至って真面目で一生懸命で，話も豊富なのだが，一方でとりとめのない話や落ちのない話も多く，ややもすると相談が１時間２時間（最大で３時間！）と過ぎていくこともあった。こうした辺りが就職活動の長期化につながっていたのかもしれない。

　ただ幸いにこの学生にマッチした企業があったようで（企業案内の際に担当者とじっくり話す時間があったらしい），無事この学生の長い話を聞いてくれた企業に就職することができた。

　正直に言えば相談の後半は相談というよりも「息抜き」「履歴書やエントリーシートの確認」という意味合い程度しかなかったかもしれないが，「相談に行く場所がある」「グチを言ったり，会話をしたりできる場所がある」という機能を果たしていたのかな，と考えている。

　就職相談としては決して成功した事例とは言えない事例だが，相談に来る場所があること自体が効果的な事例もあるように感じている。相手にもよるが（Ｅさんは自主的に定期的に来てくれたが），就職活動があまりうまくいっていない学生・消極的な学生に対しては，途中でドロップアウトしないように，こちらから定期的にアポイントを入れて相談に来てもらうように意識している。

■日本でのナラティブ／社会構成主義キャリア・カウンセリングの適用

　私はそんなに海外体験がある訳ではないので偉そうに言えませんが，例えばサビカスのキャリア・ストーリー・インタビューで，日本の学生では「尊敬する人」「テレビ番組」「雑誌」などでうまい具合に人生観や価値観が出てこないことを踏まえて，日本でナラティブ／社会構成主義キャリア・カウンセリングを実施するに当たって意識しても良いのかなと思うことがいくつかあります。

　1つは個性的／積極的なイベントへの参加の少なさです。海外のことをよく知っている訳ではありませんが，ボーイスカウトに参加したり活動費を稼ぐためにクッキーを売ったり，子どものうちから休日に駐車場でレモネードを売ったり，ＤＩＹで大きなものを作ったり中古品を売ったり買ったりという経験をしている子どもたちは，日本では少ないように思います。引き出そうとしてもなかなか出てきません。受験くらいしか出てこない時もあります。

　一方で，小中高を通じて「修学旅行」「部活」「合唱コンクール」「体育祭」「学園祭」「委員会」などの学校行事が多様にありますし，長い時間を学校の中で過ごしているように思います。サビカスは質問していませんが「好きだった学校行事，クラスでの役割」のような質問も日本では有効かもしれません。

　また「皆と同じ」「目立たないように」という傾向があって確かに「個性的な経験」は（勿論全くない訳ではありませんが）なかなか出てきませんが，逆にある意味で集団の力が有効活用できるように感じています。例えばグループで「将来の目標」について議論させたり，グループ内で発表させたりするような場合は，うまくファシリテートさえできれば周囲の影響を受けて誰もが積極的に参加・発表してくれるように感じています。

　日本ではゲームやアニメが多いことも相談が難しい反面，それ自体が相談のテーマになるように思っています。「好きなアニメ・ゲーム」もカウンセリングのテーマになり得ます。例えばある学生は，友達とゲームソフトの貸し借りをすることを前提に「友達が持っていないゲーム」を買っていました。これは「友達との関係を重視する」彼の人生観を物語っているものだと思います。今後はネットやスマホとの関係もテーマとなってくるのかもしれません。

　仮に海外の質問技法がそのまま使えなくとも，応用はいろいろと効くように思っています。

第10章　更なる議論のために

（1）　カウンセリングの構造をどう記述・理解するか

　ナラティブ／社会構成主義キャリア・カウンセリングは，「クライエントのナラティブを用いて，望ましい未来から現在・過去を再構築するプロセス」だと考えています。このため「望ましい未来」と「現在・過去」を一貫したストーリーにするイメージを持つことが大切だと考えています。どうにかしてカウンセリングの中で起こしたい「過去・現在・未来の一貫性」を見える形にすることはできないものでしょうか。

　図19～図24は前章コラムのEさんの1回目の相談内容について具体的に細かく整理したものです。クライエントの悩み（今の方針でいいか不安）を踏まえ，カウンセラーは質問を進めていきますが，図22で「望ましい未来」と現在・過去が一貫したストーリーになったため，クライエントの不安の大きさに気づかないままに終結したと思ってしまいました（この頃の私は，スケーリングなどを用いてカウンセリング結果に関するクライエントの納得度について，確認していなかったのです）。

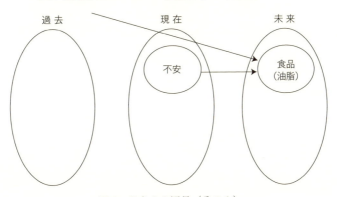

図19　Eさん1回目（その1）

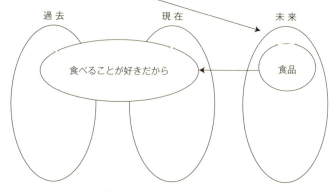

図20　Eさん1回目（その2）

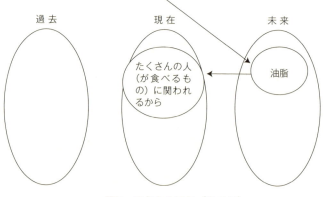

図21　Eさん1回目（その3）

第10章　更なる議論のために　99

Co: 好きな食べ物は？　（※過去・現在の資源探し）
Cl: シュークリームなどの甘いもの。
実は…

図22　Eさん1回目（その4）

Co: じゃあコーヒーやシュークリームに関連する食品でいいじゃん。ついでに

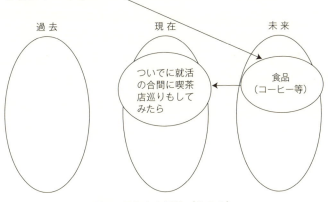

図23　Eさん1回目（その5）

Cl: そうですね。そうします
※過去・現在・未来の一貫性の獲得

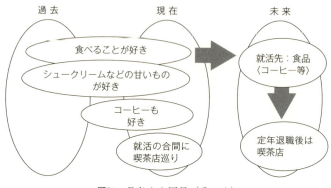

図24　Eさん1回目（その6）

　しかしEさんが「（コーヒー等の）食品会社」以外にも興味を持った会社があったことが分かったので，2回目の相談を実施します（図25〜図31）。結果的に食べること（食品系）のみを聞いてしまった1回目を反省して，現在・過去のいろいろな経験・エピソードの掘り起こしをしていきました（食べること，料理すること，学園祭の装飾係，被災地での赤十字の炊き出し，アルバイト，サックス，生物学，イルカ，昆虫……）。そしてその中で「興味を持ち続けていること」「興味を持ち続けたいこと」を整理していきました。結果的に2回目は「協力して何かを作り上げる会社を目指す」という整理になりました（図31）。

第10章 更なる議論のために　　101

Cl: 業界セミナーに参加。食品以外に
「人間関係がいい会社」があり、
志望が分からなくなってきた

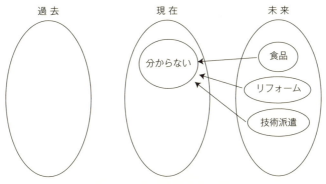

図25　Eさん2回目（その1）

Co:（過去現在の資源の掘り起こし）

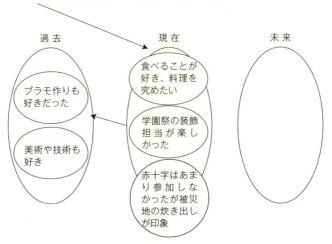

図26　Eさん2回目（その2）

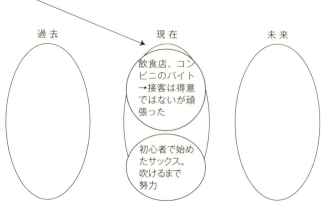

図27　Eさん2回目（その3）

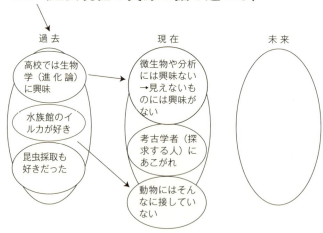

図28　Eさん2回目（その4）

第10章　更なる議論のために　103

Co: （過去現在の資源の掘り起こし）

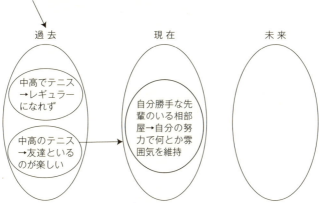

図29　Eさん2回目（その5）

Co-Cl: 整理

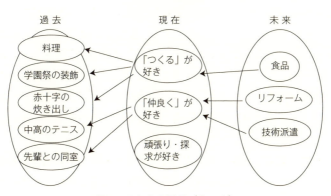

図30　Eさん2回目（その6）

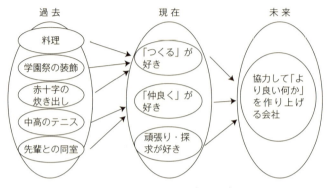

図31　Eさん2回目（その7）

　その後，カウンセラーのほうでもエントリーシートの添削などを中心に何度か相談しましたし，並行して大学の就職相談窓口でも相談を継続していたようです。最終的には食品会社を中心に幅広い業種で「社員の仲が良い」会社を選んで2～30社ほどエントリーしたようで，就職相談窓口担当者からは「寝る間を惜しんでエントリーシートを書いている」と情報提供がありました。実はあとで分かったことですが，クライエントは当初食品関係に志望を決めていたものの，就職支援会社の「オススメ企業」の説明会に行き，心が揺れたとのことでした。Eさんは最終的には総菜もつくる食品系の小売業者に入社が決まりました。

　このように，未来と現在，過去をつなげてクライエントの発言を整理することで，カウンセリングの構造や進行が見えやすくなるように感じています（1回目の相談で食品についてしか聞いておらず，相談が深まっていないことも見て取れます）。こうして見ると，当初の不安について（不安に共感するかどうかはさておいて）「どういう不安か」「どのくらい不安か」と質問していれば，「実はこれまであまり食品には興味がなかった」などクライエントの新たな語

りが引き出せたかもしれません。他のナラティブ／社会構成主義の実践家とお話をしてみたところ，やはりこの相談は急ぎすぎで多少強引だったようにも感じます。他の方はナラティブ／社会構成主義の実践家とは言っても，私に比べるとかなり「傾聴」を重視しておられるように感じました。

　こうした過去・現在・未来に切り分けてナラティブをつなげる図の形式は，論文発表の体裁には向いていないかもしれませんが，事例検討やスーパービジョンの際には参考になるのではないかと考えています。

（2）　クライエントの幸せとは何か～誰が判断するのか

　第6章，第8章でも述べましたが，クライエントが幸せか否か，またクライエントがどの進路を進むべきかを判断するのは，当たり前ですがあくまでクライエント自身だと思っています。ただややもすれば自信のないクライエントは行動を躊躇しがちなため，カウンセラーがそれを勇気づけ（エンパワーメント）する必要はあると思っています。クライエントのニーズにもよりますが，低空飛行のクライエントには定期的な相談・支援を勧奨するようなことも必要かもしれません。

　どうしても我々は自分の価値観を「正しい」と考え，自分の価値観と合わない選択肢を否定しがちです。クライエントと親しい関係にあれば（またはクライエントを心配すればするほど），なおさらかもしれません。「クライエントが自分だったら」「自分の親や子どもだったら」「自分の配偶者だったら」「友達の友達くらいだったら」「全く人間関係のない人だったら」「自分のカウンセリングの師匠だったら」と想定を変えて対応を考えてみるのも，自分自身とクライエントとの関係を「外在化」する1つの方法であるかもしれません。第7章でも前項でも述べましたが，クライエントからカウンセリング内容・結果のフィードバックを受けることも良い方法だと思っています。Eさんの事例などがそうですが，私たちカウンセラーのあるべき姿について，時として振り返る機会を持つことは大切だと感じています。

（3）　カウンセラーとしての社会正義

　下村（2013）は「最近，キャリア発達理論では，社会正義（social justice）

に向けたキャリアガイダンスということが強調される傾向が強くなっている」と記しています。「キャリアガイダンスを含めたキャリアの支援全般が社会経済的な要因によって生じる貧困や社会の不平等を是正するもの」であるからです。「従来，個人および個人の職業選択にのみ焦点を当ててきたキャリアガイダンスは，より社会的な役割を担いうる」と認識されている訳です。フリーター・ニートなどの不安定就労層の増加，貧困の再生産を止める機能として，キャリアガイダンスやキャリア・カウンセリングが期待されているということになります。

　1人ひとりのカウンセラーは目の前のクライエントの幸せを考えることが最も重要だとして，その行動の総体は結果として社会的公正の促進や社会正義の実現にも資するものなのかもしれません。「僕なんて大したことない」というクライエントに勇気づけ（エンパワーメント）することは，社会的公正の観点からも重要なことだと考えています。

　また同書で下村は欧米においてセグメント論（学校卒業者や離職者のみに限らない支援），デリバリー論（窓口に相談に来る人のみに限らない情報提供やガイダンスの提供），コスト論（高いお金を払えない人々に対するサービスの提供）の拡張があることを説明し，キャリア教育／キャリアガイダンス／キャリア・カウンセリングの一層の拡張（一般化）の必要性を訴えています。そうした中で個々のキャリア・カウンセラーは何ができるのでしょうか。1人ひとりのカウンセラーができることは限られているかもしれませんが，組織や団体，集団として考えること，できることはあるのではないかと感じています。

（4）　脱構築・再構築のとらえ方〜何を脱構築・再構築するのか

　本書ではナラティブ／社会構成主義キャリア・カウンセリングを「クライエントのナラティブを引き出して，望ましい未来から現在・過去を再構築するプロセス」と定義し，これまでの過去・現在に対する意味づけから未来を想像するというスタイルを脱構築し，「あるべき未来」から現在・過去の一貫したストーリーを再構築するものと捉えています。

　この社会構成主義における脱構築・再構築につき，ユースキャリア研究所の高橋浩先生は，「社会に規定された語りから脱して（脱構築），自分らしい意味

ある人生の語りへ変化させる（再構築）」というふうに説明されています。こちらの説明もなるほど，と思わせるものがあります。今まで社会に合わせて若しくは他律的に（例えば家族や周囲に配慮して）生きてきた人生を，自主的・自律的に考え・生き直す，という感じでしょうか。

　社会構成主義を用いて「何を脱構築して」「何を再構築するか」という考えの違いによっても，実践のあり方は異なってくるかもしれません。ぜひ皆さんもクライエントの何が脱構築されて，何がどう再構築されていくのか（普段の実践ではどうなっているのか）振り返って考えてみられても良いのかもしれません。

（5）　あなたと周囲のカウンセラーとの関係はどうですか

　我々はどうしても自分を認めて欲しいという気持ちを抑えることができません。専門家であれば，なおさらそうかもしれません。人より優秀でありたいし，人に褒めて貰いたい。ややもすれば「何であいつが評価されて，俺が評価されないんだ」という気持ちにもなりがちです。そうすると人のいいところを見落としがちになり，「いいところを真似る」ことができません。自分の失敗を周囲には見せなくなるかもしれませんし，譲り合う・助け合うという習慣も減少していくかもしれません。

　「正直に話す」「悩みを周囲に伝える」「失敗事例を相談する／語る」「他のカウンセラーの優秀さを認める」ことはカウンセラーにとって恥ではなく，むしろ成長の過程なのではないかと思っています。

　カウンセリング系の団体はややもすれば乱立気味ですが，相手のいいところを認め，協力できるところは協力していくことは重要だと思っています。そうでなくともキャリア・カウンセリング分野では，事例の発表が少ないのが現状です。自分の殻にとじ籠もらず，また身内だけでまとまらず，いろいろな流派・技法の人々が情報・意見交換ができるようになると，それぞれの流派・技法がお互いに成長できるように感じています。ナラティブ／社会構成主義であれば，それが可能だと思っています。

　皆さんもぜひ学会・研究会・勉強会等で（クライエントの了解をしっかり得て）事例や実践の発表をしてください。

【第10章の参考文献】

渡部昌平　2015　社会構成主義キャリア・カウンセリングの効果と課題〜時間展望の変化にみる事例検討　東北心理学会第69回大会ポスター発表

高橋浩　2015　「キャリア・カウンセリングにおけるナラティブ・アプローチ」　渡部昌平編　社会構成主義キャリア・カウンセリングの理論と実践　福村出版

下村英雄　2013　成人キャリア発達とキャリアガイダンス−成人キャリア・コンサルティングの理論的・実践的・政策的基盤−　独立行政法人労働政策研究・研修機構

五十嵐敦　2015　「可能性と課題」　渡部昌平編　社会構成主義キャリア・カウンセリングの理論と実践　福村出版

■年齢などの背景によるキャリア・カウンセリングの違い

　本書では主として大学生への相談をイメージして書かれています。もし中高年の転職であるとか60代のセカンドキャリア支援であるならば（はたまた業種・職種を超えた転職や生活環境の激変などの場合は），現在・過去の振り返りはもっとじっくり時間をかけて行うことになるかもしれません。学生と異なり多様な質問を使わずとも，十分な語りをしてくれるかもしれません。

　学生の場合，「明日までにエントリーシートを提出しなければいけない」という切羽詰まった学生も少なくありません。むしろギリギリにならないと相談に来ない学生のほうが多いように思います。また学生の就職活動の時期は一定の時期と決まっています。そうすると必然的に継続性や深掘りよりも「早く」「その場で」結果を出していく必要が出てきます。これまで自分を語ってこなかった学生に向けて，たくさんの質問を用意しておく必要があります。

　学生でも支持的に接しないといけない場面はありますが，（再）就職が困難なクライエントの場合は就職そのものだけでなく生活を含めて相談をしていく必要があるかもしれません。また外国人労働者などの場合は就職，生活に加えて言葉や文化の面の支援も考えていかなければならないかもしれません。

　その人の背景により置かれた立場により，未来のライフ・キャリア形成に向けた相談の範囲や終結までのスパンが異なってくることもあるように思います。

　Eさんの事例でも書きましたが，何にせよ「早ければいい」というものではありません。クライエントの声を聞き，カウンセリングの限界を知り，クライエントと一緒にできることをしていくことなのだろうと思います。

■他分野からの学び

　本書ではいわゆるキャリア・カウンセリング分野だけでなく臨床心理学分野のナラティブ／社会構成主義アプローチや，ナラティブ／社会構成主義以外のアプローチも比較対象として取り上げていますが，それだけでなく発達心理学や教育学，コーチング，メディア・コミュニケーション論などからも示唆が得られると考えています。

　例えば心理学の一分野として，自伝的記憶の研究があります。例えば，自伝的記憶の意味的側面とエピソード的側面では，意味的な部分は年齢に関係なく保たれるが，エピソード的な報告は加齢により減少することが知られています。またネガティブな気分状態下では，自伝的記憶をネガティブな方向に再構成するため通常よりもネガティブな記憶を想起しやすいことも知られています。さらに外向性の強い人は外向的な経験を，内向性の強い人は内向的な経験を，それぞれ速く想起することが知られています。高齢者に過去を振り返ってもらうと20代前後の記憶が一番想起されやすいという，レミニッセンスバンプと呼ばれ現象も知られています。こうした知見をナラティブ／社会構成主義キャリア・カウンセリングに活かしていくこともできるのではないでしょうか。

　他にも記憶や時間的展望研究などの研究がナラティブ／社会構成主義キャリア・カウンセリングの深化に役立つかもしれません。

　より効率的・効果的なカウンセリングの実施のためにも，他分野の学びや他分野との交流は必要なものだと考えています。

【参考文献】

　田渕恵　自伝的記憶の再構成的想起に関わる要因　生老病死の行動科学，13, pp.53-62

おわりに

　本書では初学者でも分かりやすいように，図示や例示・事例を交えて「ナラティブ／社会構成主義キャリア・カウンセリング」やその周辺の理論との関係について，相互比較をすることで俯瞰してみました。本書は入門編と設定してありますが，ただし同時に複数の視点を踏まえた応用編でもあります。本書を参考に，ご自身の実践を「社会構成主義」的に捉え直してみることで，より深い実践ができるのではないかと期待しています。

　なお本書はナラティブ／社会構成主義キャリア・カウンセリングが具体的に理解・実践できることを目的として，constructivist approach に基づいて書かれています。本邦では constructivist approach に対しては社会構成主義という翻訳が多いようですが，構成主義あるいは構築主義（または異なる単語も）とする書籍もあります。実は英語でも（social）constructionism や（social）constructivism，さらには constructionist counseling などの表現があります。残念ながら constructivist approach について，本邦での定訳がないのが現状です。この社会構成主義あるいは構成主義／構築主義ですが，社会学では社会をとらえる方法として考えられているのに対して，カウンセリングや心理学の分野では個人が自分自身をどう形成していくのか，社会（環境）からの影響をも重視する人は「社会構成主義」，個人内力動を重視する人は「構成主義」という言葉を使うことが多いようです。

　本書では，人間は環境からの影響でも自分自身への意味づけでも変化していくという意味から，両方を含めて「社会構成主義」という単語を用いていますが，意図としては環境からの影響も自分自身の意味づけも含めた constructivist approach の立場を取っているつもりです。

　また本書では生物的・心理的・社会的な適応に重点を置いた記述をしています（個人的に「ライフ・キャリア進化論」と呼んでいます）。近年の我が国は成熟した社会になったものの右肩上がりの経済成長は望めなくなり，また変化の激しいグローバル社会の中で生き残りを図る必要も出てきています。そうし

た社会で個人が「適応していく」「生き残っていく」ためには，個々の人間が自らの未来を社会や他者に委ねずに自ら積極的に構築していくことが求められます。そのためにカウンセラーには何ができるのか，本書では個人的な経験や思考を踏まえつつ理論と実践を織り交ぜて解説してみました。第4章では進化論を踏まえて生物的・心理的・社会的ライフ・キャリア適応（＝ライフ・キャリア進化論）について考えてみましたが，「無理に進化論に合わせすぎではないか」というご批判もあるかもしれません。もちろん長い歴史にわたる生物全体の進化をとらえようとする進化論と，個々人の生涯キャリア発達を考えるキャリア・カウンセリングでは根本的に異なっていて当然です。ただ従来のキャリア・カウンセリングではあまり考えてこられなかった「（環境への）適応」「環境と個人の相互交渉」「環境と個人双方の変化可能性」「生涯にわたるライフスパン」を考えるに当たって，進化論のアイデアを借りて議論することはある程度意味があることではないかと考えています。また従来のマッチング論では不足していた「発達」の観点も，進化論の観点（適応のための変化）に類似します。整理すると，キャリア・カウンセリングを行うに当たっては「生物的・心理的・社会的・発達的適応」に配慮しながら進めていく必要がある，そして時間の変遷とともに環境も自己も変化する，ということをお伝えしたかったということです。カウンセラーはクライエント自身のニーズ（志向や関心）に応えなければいけないし，また一方で社会や家庭で生活する上では社会や家庭にも適合しないといけない，その摺り合わせをどうクライエント本人に考えてもらうか，どう支援していけるのか，がカウンセラーの仕事となると考えています。クライエントを受容しなければならない時も当然にあるけれど，受容だけでは延々解決しない場合も出てきます。

　ところで本書は，「ナラティブ／社会構成主義キャリア・カウンセリング」について解説した本です。キャリア・カウンセリングではない，いわゆる臨床心理学分野では「現在，問題となっているもの（症状）の改善」を目指すため，現在の問題（症状）に関する語りもしくはその周辺の語りに注目していきますが，未来の働き方や生き方について考えるキャリア・カウンセリングでは「現在，問題となっているもの（症状）」は存在しないことも少なくありません。

その結果，臨床心理学分野とキャリア・カウンセリング分野では，見た目的には全く異なることをやっているようにも見えます。例えばキャリア・カウンセリングでは過去や現在の棚卸しをして，自分の興味や関心，能力や資源を明確化していきます。ナラティブ／社会構成主義キャリア・カウンセリングでは構造的なインタビューなどを通じて，本人の興味や関心，能力や資源を未来の職業選択・人生設計に向けて明確化していきます。しかしナラティブ／社会構成主義キャリア・カウンセリングで用いられているこれらの技法（質的キャリア・アセスメント）は，臨床心理学分野でも十分に有効だと考えています。これまでのカウンセリングでも実践の中でやっておられたカウンセラーさんもいらっしゃったのでしょうが，いわゆる臨床心理学分野で構造的なインタビュー（あるいはマッピング）形式が公開された例はこれまでミラクルクエスチョンなど一部を除き少なかったように思います。キャリア・カウンセリング分野だけでなく臨床心理学分野でも，本書は参考になるものと考えています。

　また逆に，臨床心理学分野で用いられている外在化やスケーリングなどの各種技法も，キャリア・カウンセリングでも有効だと考えています。未来の働き方や生き方を考えるキャリア・カウンセリングでも，クライエントが「今，とても自信がないので一歩を踏み出せない」「（現段階で）将来が不安だ」ということは少なくないからです。そうした「現在，問題となっているもの（症状）」を扱うとき，ナラティブ／社会構成主義カウンセリングで用いられている技法は有効となることでしょう。キャリア・カウンセリングは多くの場合，時間（回数）をかけずに終わらせますが，どうしても回数をかけないと終われないクライエントもいない訳ではありません。

　ところで，第2章のとおりナラティブ／社会構成主義（キャリア・）カウンセリングの考え方と他の療法との違いは，結果的に非常に小さいものです。どの立場にせよ，結局は「クライエントのために，クライエントにとって良い未来を一緒に考える」訳ですから，類似した結論が導かれるのかもしれません。社会構成主義はメタ理論ですから，他の療法とケンカをするものではありません。むしろ他療法との（もしくは他療法同士の）冷静な議論を可能にするものと思っています。「私はこういう立場のカウンセリングをしているので，クライエントに向けてこういう質問をし，こういう応答をした」「結果としてこう

なった」という議論ができるものと思っています。またスーパービジョンにおいても「個人の勘」であるとか「揚げ足取り」になることなく議論するための礎になるものと思っています。

本書では初学者でも教育・福祉・企業関係者でも議論に参加しやすいよう，参考文献にはなるべく日本語文献を多く採り上げてみました。読んだことのない本があれば，是非お手に取って参考にしてみてください。また初学者の皆さんを含め，本書を足がかりにナラティブ／社会構成主義について考えていただき，ぜひご自身の実践がご自身やクライエントにとってどういう意味を持ち，どういう効果を発揮しているのかご検討・ご発表いただき，その効果や課題について意見・情報を共有することで，本邦の（キャリア・）カウンセリングをさらに良いものにしていっていただけたら，と考えています。

カウンセリングや臨床心理学を学ばれている皆さん，医療・臨床分野もカウンセリングが必要とされている分野ですが，それ以外の就職支援や学校教育その他の分野でもカウンセリングは必要とされていると考えています。カウンセリングが支援する裾野は広いに越したことはないと思っています。臨床心理学分野だけでなく，ガイダンスや教育，グループワークもできることがこれからのカウンセラーにとって重要になってくると考えています。1対1のキャリア・カウンセリングを受けるのは人生の選択の時（卒業や転職時期）だけかもしれませんが，ガイダンスや教育，人間関係形成はもっと多く長く受けられるものであり，ガイダンスや教育そして人間関係があるからこそ人生の選択がより適応的に行えるのではないかと考えています。

本書は換言すれば極私的な実践論で，個人的感想やコメント的な文言も散りばめられていますが，一方でナラティブ／社会構成主義の各理論を中心に各技法の実践・応用を検討した書籍でもあります。こうした解説本では，筆者の浅薄な知識や経験が露わになるようでつらいものがありますが，理論の議論や発展のためにはまずは誰かが意見や情報を提供することが必要だろうと，自らのアイデアを書籍の形にしてみました。

本書が参考になりましたら，ぜひ次は姉妹書「社会構成主義キャリア・カウ

おわりに　115

ンセリングの理論と実践」（福村出版）や「サビカス　キャリア・カウンセリング理論」（同），「D・E・スーパーの生涯と理論」（図書文化）さらには「解決のための面接技法　ソリューション・フォーカストアプローチの手引き」（金剛出版）などもお読みいただいて，背景にある理論構成や成り立ち，また個別の技法などもお知りいただくと参考になると思いますし，さらにご興味やご関心に応じて本書で紹介している各種書籍をお読みいただければ，と思っています。本書を読んでから別のナラティブ／社会構成主義の書籍を読むと，以前は難解と思っていた社会構成主義の考え方が，多少なりとも分かりやすく感じられるのではないかと思います。

　なお本書で紹介される技法は，必ずしもナラティブ／社会構成主義の各派のみで用いられるものではありません。スケーリングやマッピングなど他の技法でもお聞きになられた方もいらっしゃるかもしれません。ナラティブ／社会構成主義というと何か新しい技法のように聞こえますが，新しい技法というよりもメタ認知的な新しい考え方（態度や哲学）と理解すると良いのかもしれません。

　本書によって，皆さんの（キャリア・）カウンセリング実践の効率や効果が最大限発揮されることをお祈りしています。皆さんのご活躍が，これからの日本の未来を作り上げていくものと信じています。

　最後になりましたが，本書の内容や構成に大いに示唆をいただいた大正大学の廣川進先生，ユースキャリア研究所の高橋浩先生，東京理科大学の松浦真澄先生，京都産業大学の松尾智晶先生，産業カウンセラーの保坂雅和先生にお礼の言葉を述べたいと思います。また他にもご一緒に自主シンポジウムをしてくださった方々，私の研修を受講してくださった方々，一緒に他の先生の研修を受講しておられた方々にもいろいろ情報や感想をいただきましたこと，心より感謝申し上げたいと思います。本当にありがとうございました。

平成28年4月20日

秋田県立大学　渡部　昌平

著者略歴

渡部　昌平（わたなべ・しょうへい）

秋田県立大学総合科学教育研究センター准教授。国際基督教大学教養学部教育学科卒業（心理学専攻），明星大学大学院人文学研究科心理学専攻修了，修士（心理学）。1996年労働省（当時）入省。札幌公共職業安定所，職業安定局，飯田橋公共職業安定所，職業能力開発局，沖縄労働局等を経て2011年から現職。専門はキャリア教育，キャリア・カウンセリング。主な著書『募集・採用ハンドブック』（社会経済生産性本部生産性労働情報センター，2006），『誰でもできる簡単キャリア教育—はじめて入門』（社団法人雇用問題研究会，2007），『社会構成主義キャリア・カウンセリングの理論と実践』（編著，福村出版，2015）ほか。

はじめての
ナラティブ／社会構成主義キャリア・カウンセリング

2016年7月30日　第1刷発行

著　者　渡　部　昌　平

発行者　中　村　裕　二

発行所　㈲　川　島　書　店

〒160-0023
東京都新宿区西新宿7-15-17
電話 03-3365-0141
（営業）電話 048-286-9001
FAX 048-287-6070

© 2016
Printed in Japan

印刷・三光デジプロ／製本・平河工業社

落丁・乱丁本はお取替いたします　　　振替・00170-5-34102

＊定価はカバーに表示してあります

ISBN978-4-7610-0910-6　C3011

社会的構築主義への招待

ヴィヴィアン・バー　田中一彦 訳

「ポスト・モダン」「ポスト構造主義」の語と心理学とのかかわりはあろうか。本書の鍵になっており、近年しばしば用いられる「構築」の語は、その両者の接点の役を担うものといえよう。ポスト・モダンのこの時代に人間にかかわる諸科学を学ぶ人々への入門書。　★四六・306頁　本体 2,800 円
ISBN 978-4-7610-0600-6

論理療法入門

W. ドライデン　國分康孝・國分久子・國分留志 訳

なぜ論理療法か。それは今の時代に応える特性をもっているからである。①簡便法でスピードを求める現代に最適。②折衷色の強い論理療法は守備範囲が広い。③自己分析・自己説得にむいた療法である。人間関係でさまざまな悩みを抱えている現代人への書。　★四六・224頁　本体 2,200 円
ISBN 978-4-7610-0616-7

ストレスマネジメントと職場カウンセリング

S.パーマー / W.ドライデン 編　内山喜久雄 監訳

本書は、人びとがストレスカウンセリングやストレスマネジメントを受ける上でさまざまな治療アプローチと方法があることを明らかにしている。ストレスの研究、対応ないしカウンセリングの第一線で活躍中の実践家・研究者にとって基本の書。　★A5・228頁　本体 3,000 円
ISBN 978-4-7610-0759-1

人間発達の生態学（エコロジー）

U. ブロンフェンブレンナー　磯貝芳郎・福富護 訳

人間をとりまく多様な環境をひとつのシステムをもった生態系としてとらえ、人間の発達を理解したり、研究するために有効な概念的枠組みを提供する。アメリカ心理学会の「最も頻繁に引用される文献賞」を受賞した名著の訳出。　★A5・356頁　本体 6,000 円
ISBN 978-4-7610-0564-1

産業カウンセリング事典

内山喜久雄・中澤次郎 監修
亀山直幸・木村周・高田昂・竹内登規夫・渡辺三枝子 編

最近の産業社会の世界で労働・職業生活上に生起する諸問題を考慮しながら、項目をバランスよく選択し、具体的に解説したわが国最初の事典。産業カウンセラーとして活躍中の人や、今後産業カウンセラー資格の取得をめざす社会人と学生に必携の書。　★四六・492頁　本体 4,000 円
ISBN 978-4-7610-0684-6

川 島 書 店

http://kawashima-pb.kazekusa.co.jp/　（価格は税別 2015 年 12 月現在）